これで
どの子も文章題に立ち向かえる！算数授業づくり

［樋口万太郎］

学陽書房

はじめに

　こんにちは。樋口万太郎です。
　本書を手にとっていただき、ありがとうございます。
　本書を手にとっていただいたということは、
- **文章題指導に悩んでいる**
- **クラスに文章題を苦手としている子が多い**

といったお悩みをお持ちなのではないでしょうか。
　本書では、どの子も文章題を**解決するために絵や図などといった方法を自分で選択、適用、使用**して、立ち向かえるようになるために、
- 文章題を解けるようになる 10 のアイテム
- 10 のアイテムの獲得方法や取り組み
- 3 段階のプロセス
- MBP（みんな文章題が得意になるプリント）

など、さまざまな取り組みを取り入れた算数授業について提案をしています。
　そして、1 章には、文章題に立ち向かうことができない 3 つの原因や文章題に立ち向かえるようになるために**大切な教師の心構え**について書きました。3 つの原因や教師の心構えをわかってもらえないと、どの子も文章題に立ち向かえるようになるための算数授業を行うことはできません。ぜひ、1 章からお読みください。
　本書で提案している算数授業により、子供達が文章題に立ち向かえるようになり、少しでも文章題への苦手意識が薄まる一助となることを願っております。

　　2019 年 3 月

　　　　　　　　　　　　　　　　　　　　　　　樋口　万太郎

はじめに ………………………………………………… 3

第1章 文章題に立ち向かえる子供を育てる教師の心構え

文章題を考えることができない3つの原因 ………… 10
問題文を3行で提示する ……………………………… 12
自分でイメージする力をつけさせる ………………… 14
繰り返し取り組むために ……………………………… 16
時間がかかるのはあたり前 …………………………… 18
何を答えればいいかわからない子には ……………… 20

第2章 アイテムを使えるようになれば文章題は必ず解ける！

図を使えるようになればどの子も文章題が解ける ……… 24
子供が文章題を解けるようになる10のアイテム ……… 26

| 第3章 | アイテムを使えるようになるための大事な3ステップ |

絵や図を使う3つの場面 ……………………………… 34

- 3段階のプロセス：ホップ・ステップ・ジャンプについて

ホップ：アイテムの使い方を子供達が知る ……………… 36
ステップ：アイテムを教師が子供達に使わせる ………… 38
ジャンプ：アイテムを子供達が使ってみる ……………… 40

- 3段階のプロセス中にも取り組むべきこと

黒板上で絵や図を共有しよう ……………………………… 42
「問題文」「絵や図」「式」を線や丸で結びつける ………… 44
黒板やノートに描いた絵や図を使い説明する …………… 46

図の導入の仕方はすべて同じでOK！ …………………… 48

| 第4章 | 学年別！ 問題に向き合うためのアイテムの使い方 |

- 全学年に共通のノウハウ

1年間でどのような図を使うのかを把握しておこう ……… 52
アイテム登場一覧表を作ろう ……………………………… 54
絵や図に関するテストをしよう …………………………… 56

低学年	1年生での取り組みが重要	58
低学年	アイテム②「絵」の導入	60
低学年	アイテム②「絵」は自由に	62
低学年	アイテム③「ドット図」の導入	64
低学年	アイテム③「ドット図」を使いこなす	66
低学年	アイテム④「テープ図」	68
低学年	アイテム⑤「線分図」	70
中学年	問題に立ち向かえるようになるために	72
中学年	アイテム⑥「数直線図」	74
中学年	アイテム⑦「関係図」	76
中学年	アイテム⑧「4マス関係表」	78
高学年	問題に立ち向かえるようになるために	80
高学年	アイテム⑨「簡単な数値に置き換える」	82
高学年	アイテム⑩「オリジナル図」	84

子供達はどの図が使いやすいのか ……… 86

第5章 アイテムを使う経験を積むための取り組み

表現を変換して表現する取り組み ……… 90

みんな文章題が得意になるプリント（MBP）作り

みんな文章題が得意になるプリントを作る ……… 92

「問題」を「絵や図」へ変換する ……………………………… 94
「式」を「絵や図」へ、さらに「問題」へ変換する ……………… 96
「絵や図」を「式」へ、さらに「問題」へ変換する ……………… 98

算数絵本を作ろう ………………………………………………… 100
新○年生のために絵や図の使い方説明書を書こう …………… 102
わからない○○君に説明しよう ………………………………… 104
お休みの子へ算数手紙を書いてもらおう ……………………… 106
テストに持ち込みOKのアイテムを作る ……………………… 108
自分の考えを書いたノートを交換しよう ……………………… 110
文章題の続きを考えよう ………………………………………… 112
図の間違いに気づけるようにする ……………………………… 114
どの図が正しいか考えよう ……………………………………… 116
教師が読み上げた問題文を図に表そう ………………………… 118
先行学習の子達への一工夫 ……………………………………… 120
他教科でも把握するために図を使っている① ………………… 122
他教科でも把握するために図を使っている② ………………… 124

おわりに …………………………………………………………… 126

第1章

文章題に
立ち向かえる子供を育てる
教師の心構え

文章題を考えることが できない3つの原因

みなさんは立式するときにどんな手順で考えていますか？

6年生の「分数÷分数」の単元で次のような問題があります。

> 3分の2Lのペンキがあります。
> このペンキの重さを測ったら、4分の3kgありました。
> このペンキ1Lの重さは何kgでしょうか。

さて、この問題の式はA、Bのどちらでしょうか。
みなさんも考えてみてください。

A 3分の2÷4分の3　　B 4分の3÷3分の2

私はすぐに立式できないから……

みなさんは立式するときにどんな手順で考えましたか。私は算数を研究して、15年目になりますが、正直な話、どちらの式なのか迷うときがあります。迷ったときには、下のように「分数➡簡単な整数」へと「数値を置き換えて」考えるようにしています。

> 4Lのペンキがあります。
> このペンキの重さを測ったら、8kgありました。

これならば、8÷4とわかります。わかれば、8のところを4分の3、4のところを3分の2に置き換え、数値を元に戻し、式は4分の3÷3分の2となるので、Bが正しいと判断できます。

すぐに立式できた方、数直線図や4マス関係表を描き立式された方、文章の下に線を引いた方、関係図を描かれた方、人それぞれ考え方が違うことでしょう。

✏️ 「何も考えを書けない」「わからない」と言い続ける子達

左の問題を使った実際の授業では、自力解決の時間に、自分の考えを何も書くことができない子がいました。そこで、その子に「何でもいいから書いてごらん」と伝えましたが、何も書くことができずに自力解決の時間が過ぎていきました。また、「この問題がわからなーい」と言い続けているような子もいました。そうしたいわゆる学習がしんどい子に出会ったことがありませんか。

✏️ 考えることができない3つの原因

その子達はどうして考えることができないのでしょうか。それは、計算ができる・できないといった技能面の問題ではなく、
①**「文章題に立ち向かうためのアイテムを持っていない・知らない」**
からです。理屈どおりなら6年生では、これまでの6年間でそのアイテムを身につけているはずです。しかし、そうなっていないのは、
②**「子供自身がアイテムを使うという経験を積んでいない」**
からです。
また経験を積むために、子供自身がトライ&エラーするといった経験を
③**「教師が設定していない」**
からです。
本書では、これら3つの原因を克服し、文章題を**解決するために絵や図などといった方法を自分で選択、適用、使用**して、立ち向かえるようになるためのアイテムの獲得方法や取り組みを紹介します。

問題文を3行で提示する

関係をつかみやすいのはどの書き方ですか？

🖉「どの問題文の書き方が見やすいですか？」

　子供達が**解決する**ために絵や図などといった方法を自分で**選択、適用、使用**できるようになるための大前提として教師が意識しておくべきこと・知っておくべきことがあります。意識できれば、行動が変わります。

　では、質問です。みなさんは、次のA、B、Cの中でどの問題文の書き方が見やすいですか。

A　Aさんは500円持っています。1人20円ずつお金をあげます。何人にあげることができますか。

B　Aさんは500円持っています。1人20円ずつお金をあげます。何人にあげることができますか。

C　Aさんは500円持っています。
　　1人20円ずつお金をあげます。
　　何人にあげることができますか。

✏️ 問題文は3つの文で表すとわかりやすい

　基本的に問題文は、
- 一つ目の条件
- 二つ目の条件、一つ目の条件に関係した文
- 答えを求める問いにあたる質問文

の3つに分けることができます。この3つの先頭に「問題の場面や状況を表す文」がつく場合があります。その場合は、問題の場面や状況をイメージできるため、問題の場面をより把握しやすくなります。

✏️ ノートにも基本は3行で

　だから、教師が問題文を板書するときは3行で、ノート1行で1文になるように基本的には書くことをオススメします。そしてそれを子供達にも同じように3文でノートに写させます。ただし、どうしても1文が長すぎて、下の写真のように1文を1行に書ききれない場合がありますが、「なんまいに」「なりますか」と単語ごとに分けて書くことで行をはみ出さないようにできます。

　問題文をノートに書くことは、1年生の1学期から取り組むことが大切です。

自分でイメージする力をつけさせる

問題文に出てきた数の順に立式する子がいませんか？

問題文に出てきた数の順に立式する子

> 白い花が5本あります。
> 赤い花が8本あります。
> どちらの花が多いでしょうか。

という問題があったときに、「5 − 8」と問題文に出てきた数の順に立式してしまう子がいます。なぜでしょうか。

　それは、これまで順に立式するという経験でなんとかなったからです。そして、たし算の単元のときは、たし算をすればよかったからです。ひき算の単元のときは、ひき算。かけ算の単元のときは、かけ算。わり算の単元のときは、わり算。それ以外が出てくることはあまりありません。しかし、たとえばひき算だと「5 − 8」としたら、採点ではバツになってしまいます。子供が自分でしっかり考えて、式に表す数字の順番を決められるよう教師が手助けすることが必要です。

絵や図を描く前に教師からの一言で

　出てきた数の順に立式や計算をしてしまう子にさせないために、絵や図を使って、問題をイメージさせるのは有効です。しかし、絵や図はしっかり描けているのに式になると間違う子もいます。

そんな場合も教師からの一言で状況は変わります。
　左のページの文章題のときには、絵を描かせる前に、たとえば
「どっちの花が多いと思う？」
と子供達に聞きます。まず多い方を考え、答えることで、問題文のイメージを持たせられます。その後、立式で「5 − 8」と書いてしまった子がいたとしても、「どっちの花が多い？」と聞いたり、図で確認させたりすることで、子供自身に間違えを気づかせることができます。
　また、「150 ÷ 0.8」といった除数が1以下のわり算では、
「答えはどれくらいになると思う？」
と教師が一言付け加えることで、子供達は答えが被除数よりも大きくなるとイメージを持ち、見通しも持てるようになります。
　目の前の子供達の実態に応じて教師が一言を加えることで、よりイメージを持ちやすくさせることができます。

✐ 教科書の図の活用の仕方

　教科書には、空欄のある図、ほぼ完成形の図が載っています。他者から与えられる図ではイメージが持てない場合があります。そして、空欄を埋めて図を完成させるだけでは、自分の力で図を描けるようにはいつまでもなりません。なかなか図が描けない子にとっては教科書の図は参考にはなるかもしれませんが、やはり、
　　　　問題に応じて自分で図を描き、自分で図を使ってみる
という経験を積むしかありません。
　ただ、どうしても図を描けない子には、教科書の図を自分のノートに写させたり、参考にさせたりして描かせてみます。教科書によっては図の描き方の順番が載っていますが、その順番通りに描く必要はありません。自分の描きやすい順番で構いません。そう言うことで、図を描くというハードルが子供達の中で下がります。

繰り返し取り組むために

いつから取り組み始めますか？

🖉 いつから取り組み始めるのか

　子供達には、できれば図に触れ合う場面や図を描く場面を多く設定していきたいものです。そのため、私はできる限り早い時期から絵や図を描かせる活動を取り入れるようにしています。早い時期から行うことで、1年間で繰り返し取り組むことが可能になります。

　だから、2年生以降であれば、4月から取り組みます。数と計算領域の学習で文章題が登場してからではありません。

　「絵や図を描く活動をいつ取り入れたらいいのか」「取り入れることで授業内容が増えてしまうのではないか」と不安に思われた方もいるかもしれませんが、これは授業だけの話ではありません。家庭学習やスキマ時間にも取り組めることなのです。スキマ時間に読書をしているのであれば、図に触れ合う場面や図を描く時間にします（家庭学習やスキマ時間に取り組むことの詳しい話は5章をお読みください）。

🖉 1年生はいつから取り組むのか

　では、1年生はいつから取り組み始めたらいいのでしょうか。
　　　　答えは「できる限り早い時期」からです。
　他の学年と一緒です。私は遅くても4月下旬から取り組み始めています。ただ、図を描くにはノートを使用しないといけません。

「1年生の4月下旬から1年生がノートを描けるの?」と思われたかもしれませんが、下のノートを見てください。

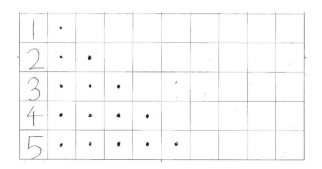

このノートでは、1〜5の数をドットで表しています。教師と一緒に描いていけば、それほど難しいものではありません。このような図の描き方であれば、1年生の4月からでも十分に描くことができます。こういったことからスタートです。

✏️ 図を描くことにトライ＆エラー

先生と一緒に取り組んで、図を完璧に描けるようになってから、自分達で図を描くというのではなく、どんどん自分で描くことにもトライさせていきましょう。

先生と一緒に取り組むことで描けるようになる子もいれば、失敗はあるものの何度も自分の力で描くことで、図はこう描けばいいのかと理解し、描けるようになる子もいます。

どんどんトライ＆エラーを子供達にさせていきましょう。教師が子供のエラーを恐がっていてはいけません。どんどん子供達に絵や図を描かせましょう。

時間がかかるのは
あたり前

あなたは我慢できますか？　待つことができますか？

🖉 時間はかかるもの

　あたり前ですが、子供が絵や図を描けるように、使えるようになるには時間がかかります。これはおそらくどの教師もわかっていることです。しかし、我々教師は「短期で結果」を求めてしまいがちです。
　これは、絵や図に限らず、普段の生活指導などにおいても言えることです。だから、「長期で結果を求める」ということを意識しないといけません。絵や図を描く経験を積み重ねると、確実に図を描けるようになります。使えるようになるスピードは確実に早くなります。だから我慢して、継続して取り組むことが大切です。

🖉 絵を描くには時間がかかる

　1年生の中には絵を描くことが目的になってしまう子がいます。絵を描くのが好きな子は、髪型や目のキラキラ、洋服まで丁寧に描こうとしてしまいます。そのため、絵を描くことに時間がかかってしまうことがあります。でも、最初はそれで構いません。1年生は他の学年よりもまだ算数授業の時間にゆとりがあります。こういう本人が楽しいと思えるような経験をさせてあげてください。問題をイメージすることにはつながっています。

✏️ 1年生を担任しているときの 1学期懇談会で……

1年生を担任しているときに、ある子のお母さんと下のようなやりとりがありました。

お母さん 「先生、うちの子の算数ノートを最近見たんです」
先生 「よく頑張っているでしょ」
お母さん 「え？ 頑張っているんですか？ 絵ばっかり（たとえば下の絵）でしたよ」
先生 （うん!? 落書きとかあったかな……）
お母さん 「宿題でも絵をたくさん描いていて……」
先生 （あ！ そういうことか！）
先生 「お母さん、あの絵は遊びの絵ではないんです。問題をイメージしたことを絵に表すことをしているんです。もう少ししたら、図に変わっていきます。これは文章題を解いていく上でとても大切なことなんです」

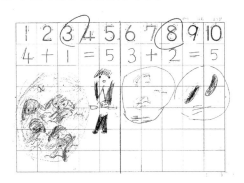

わが子のノートが絵ばかりで、遊んでいると、落書きをしているとお母さんは思ってしまったのです。だから、そういう勘違いが起きないように、よいタイミングで保護者にも絵や図のねらいを伝えることが大切です。絵や図を描けるようになるには家庭学習も大切です。勘違いした保護者に叱られてしまうと、子供がかわいそうです。

何を答えればいいか
わからない子には

何よりもゆっくり待ってあげることが大事！

🖊 一番避けたいこと

先生 「この問題は、何を答えたらいいの？」
子供 「わかりません……」
という学習がしんどい子に出会うときがあります。ただ、これは学校に限らず、家庭学習をしているときにも起こり得ることです。懇談会でこういった悩みを保護者から聞くことがよくありますが、こういった場面で一番避けたいことは、
　「文をもう一度しっかり読みなさい！」「どうしてできないの」
と少し怒り気味に言ってしまうことです。言ってしまうとお互いが険悪な雰囲気になってしまいます。

🖊 じっくり基本を教えていこう！

　上の会話のように学習がしんどい子は、問題文を読んでもイメージを全く持てていません。だから答えられないとき、先生や保護者から少し怒り気味で文を読みなさいと言われたとしても、解決策にはなっていません。
　よくある話で、この後、「文を読んでいる」と言い返す子がいます。それに反応して、教師がより怒り気味になってしまうと、
先生 「○○さん、読めていませんよ」

子供	「何度も読んだ！」
先生	「読めていません。じゃあ、わかったの？」
子供	「……」
先生	「ほら読めていないでしょ。最後の文にどちらの花が多いか書いているでしょ。もう一度しっかり読みなさい」

といったように負のスパイラルが起きてしまいます。その結果、自分は文章題が嫌いだと子供が思い込んでしまうようになります。

　でも、思い出してみてください。小学校の教科書に出てくるような問題は、３文で構成されています。比較的に関係を把握しやすいようには書かれています。だから、

１文ごとに何が書かれているのかを確認し、

絵や図で１文ずつ内容を表していき、問題のイメージをつかんでいってもらいます。こうやって本人の経験を積み重ねていくのです。

　これは低学年での取り組み方ですが、中学年・高学年においても基本的には同じことが言えます。中学年・高学年で文章題が苦手な子は多いです。低学年の簡単な問題から取り組んでみて、問題のイメージをつかむ経験を積ませることも有効です。

🖊 保護者にも待つことの大事さを伝えよう！

「うちの子、あんな簡単な問題も解けないんです」
とおっしゃる保護者も多いです。でも、我慢をしてもらいましょう。上記のような取り組みを何度もなんども積み重ねることで、また本書でこの後に紹介している取り組みを行うことで何を答えればいいのかわかるように必ずなると、保護者に伝えていきましょう。「きっかけ」があれば、どのような文章題でも何を答えたらいいのかがわかるようになります。特に低学年のうちは、長い目で見てもらいましょう。時間がかかるのはあたり前です。

第2章

アイテムを使えるようになれば文章題は必ず解ける！

図を使えるようになれば
どの子も文章題が解ける

図を使えるようになると立式できる！

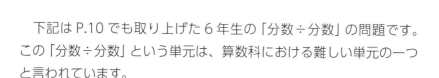

　下記はP.10でも取り上げた6年生の「分数÷分数」の問題です。この「分数÷分数」という単元は、算数科における難しい単元の一つと言われています。

> 3分の2Lのペンキがあります。
> このペンキの重さを測ったら、4分の3kgありました。
> このペンキ1Lの重さは何kgでしょうか。

　P.10では、解きやすい数値に置き換えてみる考え方を載せましたが、図で描けるようになると、もっと応用しやすくなります。
　たとえば、数直線図だと、次のように描くことができます。

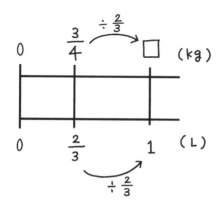

関係図だと、次のように描くことができます。

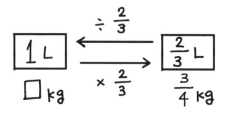

たとえば、4マス関係表だと、次のように描くことができます。

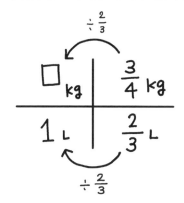

　どう立式していいかわからないとき、図の描き方を知っていると図を使い、問題の関係について問題文から考えようと動き出すことができます。そして、問題の関係について把握することができます。しかし、図の描き方を知らないと、「どう考えていいのかわからない」で終わってしまいます。つまり、動き出すことができないのです。
　教師は、子供が各問題で使う図を限定する必要はありません。子供が使いたい図で構いません。なぜなら、どの図も
「立式につながる」
という共通点があるからです。立式ができれば、あとは計算という技能になります。
　だから、図というアイテムを使えるようになればどんな子も文章題が解けるようになるのです。

子供が文章題を解けるようになる10のアイテム

　ここで紹介するのは子供が文章題に立ち向かうための武器となるアイテムです。これらのアイテムを子供が使いこなせるようにしてあげることで、学習がしんどい子でも文章題を確実に解けるようになります。最初から文章題をすらすら解ける子はいません。教師がどのようにステップアップをさせていくか、そこが勝負です。

アイテム①ブロック（P.36〜41）

　ブロックは、具体的場面を視覚的に表現することができるものです。

あかいはなが 5ほん
しろい はなが 4ほんあります。
はなは、あわせて、なんぼんですか。

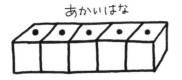
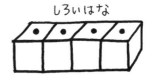

アイテム②絵 (P.60 〜 63)

問題文を絵で表し、言葉や記号などを付け加えます。

あかいはなが 5ほん
しろい はなが 4ほん あります。
はなは、あわせて、なんぼんですか。

アイテム③ドット図・アレイ図 (P.64 〜 67)

ドット図とは数を●（黒丸）で表したものです。●を縦横に規則正しく並べた図をアレイ図といいます。

あかいはなが 5ほん
しろい はなが 4ほん あります。
はなは、あわせて、なんぼんですか。

アイテム④テープ図 (P.68〜69)

テープ図とは、ドット図やブロックあるいはブロックを並べた図を1本のテープのように横に並べて表したものです。

① 赤い花が50本
　白い花が70本 あります。
　花はあわせて何本 ですか。

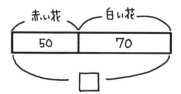

② ぜんぶで花が120本
　白い花が70本あります。
　赤い花は何本ですか。

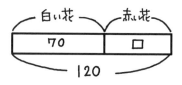

アイテム⑤線分図 (P.70〜71)

線分図とは、数量の関係を線分で表したものです。

① 赤い花が50本
　白い花が70本 あります。
　花はあわせて何本 ですか。

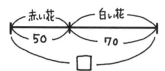

② ぜんぶで花が120本
　白い花が70本あります。
　赤い花は何本ですか。

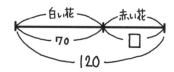

アイテム⑥数直線図 (P.74〜75)

　数直線図とは、数直線と数直線、数直線とテープ図など数直線と何かを組み合わせたものです。

〈数直線と数直線〉
1m 200円のテープがあります。
3m買うと
何円になるでしょうか。

〈数直線とテープ図〉
4mで800円のテープがあります。
1mで何円ですか。

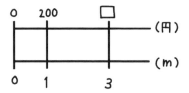
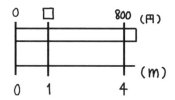

アイテム⑦関係図 (P.76〜77)

　関係図とは、数量間の関係を矢印や言葉を使って表した図のことです。

1m 200円のテープがあります。
3m買うと
何円になるでしょうか。

4mで800円のテープがあります。
1m何円ですか。

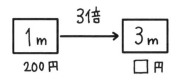
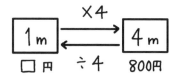

アイテム⑧ 4マス関係表 (P.78〜79)

4マス関係表とは、縦と横の関係が同じになるように描き、比例関係で成り立っている表のことです。

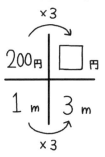
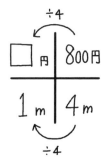

アイテム⑨ 簡単な数値に置き換える (P.82〜83)

問題文中の分数や小数や大きな数を簡単な数値に置き換えます。

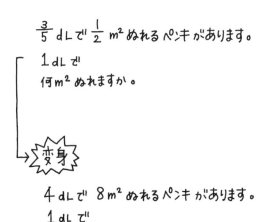

アイテム⑩オリジナル図 (P.84～85)

　オリジナル図とは、その学級で子供達と作り出したオリジナルの図のことです。

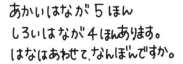

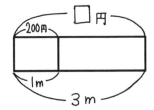

　これらのアイテムを子供達が使えるようにステップアップをさせてあげることで、子供達は必ず文章題が解けるようになります。
　3章と4章では、そのポイントを丁寧に、徹底的に紹介していきます。

第3章

アイテムを使えるようになるための大事な3ステップ

絵や図を使う3つの場面

必要感や目的意識がポイント！

✏️ ブロックや絵や図を使う3つの場面

　授業で絵や図を使う場面を大きく分けると次の3つになります。
① 　問題をイメージするための場面
② 　数量の関係をつかむための場面
③ 　説明するための場面
　①と②は自力解決で行う場面です。③は自分が考えたことを相手に伝える、説明する場面です。常に同じ場面ではありません。

✏️ 「AとBのどちらが伝わりやすいですか？」

　下のAとBの2つの場面では、どちらの方が相手に文章題の内容をよりわかりやすく伝えやすいでしょうか。
　Bの方が内容が伝わりやすいと思いませんか。

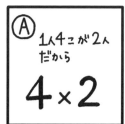

人に説明するときに生まれる必要感や目的意識

　会議などで資料を作成するときに、図を使う方が多いでしょう。私も研究会などで話をするときにパワーポイントを作る際は、必ず図を入れるようにしています。別に、図を入れなさいと言われたことはありませんが、人に説明しようとするときには「内容を少しでもわかりやすく相手に伝えたい」という思いから、自然に行っています。つまり、人に説明しようとすると、

「必要感」や「目的意識」

がその人の中に生まれて、より伝えやすくしようとするものなのです。
　問題を**解決するために絵や図などといった方法を自分で選択、適用、使用**できるようになるためには、この必要感や目的意識を持って、子供自身が取り組む経験が何より大事です。人に説明する経験を積んでいると、未知の問題、なかなか解決できない問題に出会ったときに、まずは絵や図を描いてみようかと考えるようになります。これは算数科に限らず、他の教科でも同じことが言えます。
　できれば、子供が自発的に必要感や目的意識を持てればいいですが、いつでもそういうわけにはいきません。だから、教師の側がそういった場を設定していくことが大切です。
　こういったことを踏まえ、次ページからは、問題を**解決するために絵や図などといった方法を自分で選択、適用、使用**できるようになるための大切な3段階でひとつながりのプロセス、

ホップ　➡　ステップ　➡　ジャンプ

を紹介していきます。この3段階のプロセスは全学年で共通しています。この3段階のプロセスのうち、ホップとステップはこれまでにも多くの先生方が実践されてきていることです。そこに、「ジャンプ」をつけ加えてほしいのです。次ページから**アイテム①ブロック**を例にこの3段階のプロセスを紹介していきます。

> 3段階のプロセス：ホップ・ステップ・ジャンプについて

ホップ：アイテムの使い方を子供達が知る

まず使い方を丁寧に教えましょう！

✏️ アイテム①「ブロック」を例に見ていきましょう

　1年生で最初に使うのが、ブロック（またはおはじき）です。ホップ・ステップ・ジャンプの3段階のプロセスについての説明は、このブロックを例に書いていきます。が、どの図においても同じことを取り組んでほしいのです。

✏️ ブロックを導入するときのやりとり

　ブロックは、具体的場面をブロックを用いることで視覚的に表現することができるものです。次のような問題があったとします。

```
カエルが3匹います。
カエルが2匹やってきました。
カエルは全部で何匹になりましたか？
```

　いきなり「ブロックを使って考えなさい」と言っても、子供達はどうやって考えたらいいのかはわかりません。そこで、次のようにブロックの使い方を丁寧に教えていきます。教えるべきことは教えないといけません。教えるべきことは教えましょう。そうすることで、学習がしんどい子もブロックを使えるようになります。

先生　　「今からみんなの机の上にカエルを出すよ」

子供達	「え!?　カエルなんていないよ」
先生	「そうだよね。本物のカエルはいないよね。だから、カエルを変身させます」
子供達	「え!?　変身？」
先生	「お話のカエルを変身させる算数のアイテムがあったよね」
子供達	「あ！　ブロック？」

(ここでもし子供達がブロックだと気づかないときは、先生の方から言いましょう)

先生	「そうブロック！　よくわかったね！」 「じゃあ、問題の最初のカエル3匹をブロックに変身させてみるよ」 「カエルが3匹だから、ブロックを何個出したらいい？」
子供達	「3個！」
先生	「じゃあ、ブロックを3個出しましょう」 「次の文ではカエルが2匹だから何個かな？」
子供達	「2個！」
先生	「じゃあ、ブロックは全部で何個になった？」

　というように自然な流れで問題文をブロックに置き換えて、ブロックの使い方を教えていきます。これがまずは「ホップ」です。

✏️ ブロックに自分達のオリジナルの名称をつけよう

　子供達は1年生の最初の単元で「10までの数」について教科書の絵にブロックを置いたり、絵、ブロック、数字を関連づけたりする学習を行っています。ブロック自体は子供達も知っているはずです。1年生ではブロックを使う機会が多くあります。そこで、子供達と一緒にブロックに名称をつけてもいいかもしれません。名称をつけることで親しみが生まれるとともに、他人事ではなく、自分達にかかわる算数アイテムだと思うことでしょう。

> 3段階のプロセス：ホップ・ステップ・ジャンプについて

ステップ：アイテムを教師が子供達に使わせる

使い方が身につく一工夫！

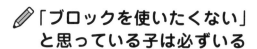

🖉「ブロックを使いたくない」と思っている子は必ずいる

　次は「ステップ」です。実際にブロックを子供達に**使わせます**。
　「使わせます」と書いたのは、別にブロックを使わなくても答えを出せる、ブロックを必要としていない子がクラスにいるからです。「え〜、ブロックなんか使いたくない！」「ブロックなんかいらな〜い」と言っている子達です。私の学級ではそんなことを言う子はいないからと安心してはいけません。言うことを我慢しているだけです。学習がしんどい子だけを意識するのではなく、そういった子が必ずクラスにいるということを意識しておきましょう。低学年のうちは我慢していますが、学年が上がるにつれて我慢できなくなり、ついに不満が爆発……なんてことにもなりかねません。教師が声になっていない子どもの内面を意識しているだけで状況は変わります。教師の意識は子供達に伝わるものです。

🖉 ブロックの使い方を身につけさせるやりとり

　教師が「答えを出すためにブロックを使いなさい」と一方的に言うのではなく、子供達からの声でブロックを使う授業の流れにすると、上記のような不満が出にくくなります。たとえば以下のようなやりと

りです。

先生　「今日はこの問題をみんなで考えますよ。この問題を考えるために何（どんな算数アイテム）を使えるかな？」
子供達　「ブロック！」
子供達　「うん！　ブロック！　昨日も使ったし！」
先生　「そうだね！　ブロックを使えそうだね」
　　　　「ブロックをどう使うかわかるかな？」
子供達　「使えるよー」
子供達　「もう先生、言わなくてもわかるよー」
先生　「じゃあ、先生は使い方を言わないよ。もしわからなかったらお隣の子に聞いてごらん。先生に聞いてもいいよ」

　このような会話のやりとりになればいいですが、まだまだブロックを使うことに慣れていない子がいる様子が目の前から伝わってきたら、もう一度使い方を確認してから取り組ませます。

　しかし、毎回のように何度もなんども使い方を確認していると、すでに理解している子から「もういいよ！」「わかっているよ！」と反発がおきてきます。全員がしっかり使えるようになっていなくても、**みんなで使っていくにつれ、できなかった子も使えるようになる**場合もあります。また上記の会話の中にもあるように、友達同士で教え合う場もつくるようにすると有効です。

🖉 問題によってはブロックの動かし方が違う

　たし算には「あわせていくつ」「ふえるといくつ」、ひき算には「のこりはいくつ」「ちがいはいくつ」のパターンがあり、ブロックの操作の仕方が異なります。操作をすることが目的ではないのでしつこく行う必要はありませんが、それぞれの操作は問題のイメージを持たせるために必要なことです（操作の仕方などは教科書や指導書をご覧ください）。

3段階のプロセス：ホップ・ステップ・ジャンプについて

ジャンプ：アイテムを子供達が使ってみる

子供が自主的にアイテムを使うようになるステージ！

🖉 ホップ・ステップとの大きな違い

　前ページまでで、ホップ「アイテムの使い方を子供達が知る」、ステップ「アイテムを教師が子供達に使わせる」とホップ➡ステップときました。いよいよ「アイテムを子供達が使ってみる」という「ジャンプ」です。

　「ジャンプ」が授業で設定されているかで、問題を解決するために絵や図などといった方法を自分で**選択、適用、使用**して問題に立ち向かえる子供になれるかの分かれ目になります。

　ただ、**日本全国の算数授業はホップ・ステップで終わっている授業がほとんど**なのが現状です。
「ジャンプ」の段階というのは、教師が指示をするのではなく、

子供自身がアイテムを使う

というプロセスです。子供自身が自主的にアイテムを使う経験を積み重ねることが一番のポイントになります。

　1時間の授業の中で、ホップ・ステップ・ジャンプが行われるときもあれば、1時間の中でホップ・ステップだけとかジャンプだけという段階もあります。もちろんホップ・ステップの段階があってのジャンプです。しかし、ステップができるようになってからジャンプという順番だけではなく、先にジャンプさせることでステップができるようになる場合もあります。

✏️ どうやって子供自身が ブロックを使うようになるのか

> 赤いチューリップが3本あります。
> 白いチューリップが5本あります。
> 合わせて何本ですか。

という問題があったとき、次のようなやりとりになります。
教師「この問題の式は？」　　　　　**子供達**「3 + 5」
教師「じゃあ、3 + 5 = 8になるんだね」　**子供達**「うん！」
教師「本当に8になるの？　どうして？」　**子供達**「だって……」
教師「ストップ、『だって〜』の続きを隣の子に話してごらん」

　人は「どうして？」「本当に？」と聞かれると、説明したくなるものです。ましてや、近い存在の先生や友達に聞かれると、より説明したくなります。その気持ちを利用します。
　　「どうして（本当に）○○になるのかな？　考えてみよう！」
という課題を設定すると、「誰かにその理由を説明する」という必要感や目的意識を持つことができます。必要感や目的意識を持つと「子供」自身がブロックを使ってみようと思います。そういった場面を設定し、経験を積ませることで、どの子も問題を**解決するために絵や図などといった方法を自分で選択、適用、使用**することができます。

✏️ 「○○を使いたい！」という声を認めよう！

　しかし、こういった課題を設定したときには、教師が思っていた図ではなく、違う図を子供が使うかもしれません。でも、使うことを認めましょう。だって、その子が使いたいものなのですから。ただし、クラス全体でその図について共有して、どの子もわかるようにしておきましょう。子供自ら、図を選択し、使っていく大きな一歩です。

> 3段階のプロセス中にも取り組むべきこと

黒板上で絵や図を共有しよう

子供同士が関心を持ち合う力を利用しましょう！

🖉 絵や図を共有するために

　絵や図を描くことが苦手な子達は、誰かが黒板に絵や図を描いていくところを見ることで、その絵や図がどのように完成されていくのかという過程を知ることができます。先生が絵や図を描くよりも、他の子が描く方が視線が集まります。不思議なものです。

🖉 絵や図の続きを描かせるためのやりとり

　絵や図を一人の子にすべて描かせるのではなく、絵や図を描いている途中でストップさせ、続きを別の子に描かせることも有効です。
先生　　「じゃあ、黒板に絵（や図）を描いてくれる人？」
子供達　「はーい」
先生　　「じゃあ、○○さん、描いてください」
（○○さんが黒板に描き始める）
先生　　「○○さん、ストップ！　みんなここまでは OK ？」
（子供達がうなづく）
先生　　「じゃあ、○○さんの絵の続きを誰か描いてくれる？」
　このようにやりとりすることで、どの子も自分が描いた絵と比較をしたり、他の子の絵を解釈したりしようとすることもできます。

🖉 子供達にどんどん板書させていく

　上の会話の場合は教師が介入していますが、理想は絵や図を描きながら、

「ここまではわかる？」

と絵を描いている子に、クラス全体へ向けて問いかけさせます。すると子供間で双方向のやりとりができます。子供達自身でその絵に付け加えたり、新たな絵を描き出したりすることでしょう。
　次ページで紹介する式と絵、問題文と絵を線で結びつけることも子供達にさせていきたいものです。
先生　　「この絵は、問題のどこにあるの？」
（子供達が文の中から見つける）
先生　　「じゃあ、先生の代わりに線でつないでくれないかな」
と言うと子供達自身でも線で結んだりすることができるようになります。絵に限らず、図でも行っていきます。

3段階のプロセス中にも取り組むべきこと

「問題文」「絵や図」「式」を線や丸で結びつける

関連づいていることを意識させましょう！

✏ 関連づける

下の板書のように問題文・絵や図・式を線や丸で結びつけます。

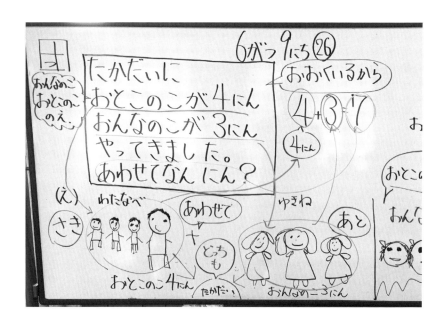

🖉 関連づけるためのやりとり

　左ページの板書の授業は次のような流れで行いました。
① 　問題を提示し、ノートに写させます。
② 　この問題をイメージする絵をノートに描かせます。
③ 　子供を指名し、前に出て、黒板に絵を描かせます。
④ 　子供達に「どうして男の子を4人描いたの？」と聞きます。
　　「だって、問題に～」という言葉を引き出してから、問題と絵を結びつけます。（女の子の絵についても同様に行う）
⑤ 　立式をします。
⑥ 　「式の『4』は何を表すのかな？」と問い（『3』『7』についても同様）、「これは～」という説明を子供達から引き出した後、線で結び、問題と式と絵を関連づけます。

🖉 子供達から引き出した上で関連づける

　教師が勝手に結びつけるのでは意味がありません。上の例では、
「どうしてこの図？」
「式の中のこの『4』は絵のどれを表しているの？」
「文のどこに書いているの？」
などと問い返して、子供達から引き出すことで関連づけていきます。
何度か関連づけるという経験を積ませた後は、
「文と絵と式のどこがつながっている？」
と聞くことも有効です。子供達から「この絵とこの文がつながっているよ」というつぶやきもあるかもしれません。そういったときは、そのつぶやきを価値づけてあげましょう。
　このように関連づけを続けると、自然と子供達に「文と絵と式が関連づいているんだ」と意識させることができ、子供達は問題をイメージすることができるようになります。

3段階のプロセス中にも取り組むべきこと

黒板やノートに描いた絵や図を使い説明する

説明し合う場面を作りましょう！

✏️ ノートに描かれた絵や図を使う場面

　ノートに描かれた絵や図を「使って」、自分の考えを相手に伝えている様子です。

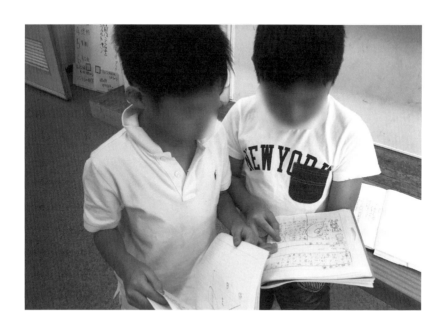

　教師の側からぜひ、子供同士で説明し合う場面を授業中にたくさん作りだしましょう。

✏️ 黒板に描かれた絵や図を使う場面

　黒板に描かれた絵や図を「使って」、考えを確認し合っている様子です。

✏️ 絵や図を使う経験を多く積ませるために

　「ジャンプ」の段階で、「どうして○○になるのか」を考える時点で、多くの子は自分のノートに絵や図が描かれていることでしょう。そこで、立ち歩いて、「3人に自分の考えを説明する」という時間をとります。そうすることで、自分が描いた絵や図を「使って」、相手に伝わるように説明することができます。

　以前、考え方を2人組で確認しているとき、「先生、黒板に描いている図を使って説明してもいい？」と言う子に出会いました。正直、そのようなことを言われるとは想定しておらず、驚いたのですが、認めました。すると、上の写真のように図を使って、説明をし始めたのです。実は言い出した子は、学習がしんどい子でした。このように、図を使う経験もありなんだとその子から教わったのでした。

図の導入の仕方は
すべて同じでOK！

どんなアイテムも3段階のプロセスでうまく導入できます！

🖉 導入の仕方はすべて同じ

　ここまでブロックを例にして、導入について書いてきましたが、**この3段階のプロセスは本書で登場する数直線でも線分図でも同じ**です。この3段階のプロセスをどの図でも必ず踏みます。たとえば線分図だとこうなります、

●ホップ
先生	「この問題を線分図に変身させてみるよ」
子供達	「線分図って何？」（忘れている、または知らない）
先生	「線分図はこう描いていきます。まず……」

●ステップ
先生	「この問題を考えていくときに使えるアイテムはなんだろう？」
子供達	「昨日使った線分図が使えそうかな？」
先生	「じゃあ、線分図を使ってみよう」

●ジャンプ
先生	「どうしてこの式になるのかな？　お隣の子に説明しよう」

（説明している中で線分図を使っている子もいる状況）

✏️ 新しい学年は1からのスタート

　算数を学校として研究し、絵や図について系統性を明らかにして指導している学校を除いて、基本的には新年度の4月は1からのスタートです。本当は、算数は系統だった教科なので、前の学年で登場している図は使えるようになっているはずです。しかし現実はそうでもありません。私はよく「(前年度の)○○先生、ちゃんとしていてよ」と思っていたことがありましたが、今は少しでもできていたら、ありがたいと思って取り組んでいます。

　年度初めの4月は図がすぐに描ける子、なかなか描けない子の差が顕著にあります。そこで、すぐに描ける子は「図マスター」と称して、なかなか描けない子のサポートをしてもらっています。

✏️ 学年に応じて最初の図の導入の仕方を変える

　私は以前、どの学年でも問題文を絵に描くことからスタートしていました。しかし、分数や小数や大きな数は絵に表しづらいです。とても時間がかかったり、無理が生じてしまったりします。そこで、今は学年に応じて次のように最初の図の導入の仕方を変えています。

低学年……問題文を絵、そして図へ
中学年……問題文をイメージ、操作をしてから (絵や) 図
高学年……問題文を簡単な数値に置き換えてから図

といった流れで、3段階のプロセスを踏んでいきます。この流れを踏まなくても、いきなり図を導入することはできますが、学習がしんどい子達にとっては、上の流れがオススメです。詳しいことは、4章にてご紹介しましょう。

第4章

学年別!
問題に向き合うための
アイテムの使い方

> 全学年に共通のノウハウ

1年間でどのような図を使うのかを把握しておこう

教科書の全ページを見ていますか？

✎ 4月にしておきたいこと

　4月、自分が担当する学年が決まったら、その学年の1年間の教科書をパラパラめくり、目を通しましょう。本当はじっくり読んでほしいですが、さまざまな業務があり忙しい新年度当初です。だから、パラパラで構いません。5分、10分で構いません。

　そうすることで、1年間でどのような学習をするのかという見通しを持つことができます。指導書でも1年間の学習についてはわかりますが、実際に子供が使う教科書を見ることで、どのような文章題が出てくるのか、そして、

**　　　この1年間でどのような図が使われるのか・登場するのか**

がわかります。教科書会社によって、登場する図は異なります。算数科は系統だった教科です。だから、余裕があれば、前の学年の教科書も見ておくとより良いでしょう。

✎ パラパラ見ておくことの良さ①

　教科書を1年間分通して見ると、同じ図が使われている単元が見えてくることでしょう。そしてあまり図が登場しない単元があることに気づくことでしょう。

　たとえば、ある教科書会社だと、

4月　角とその大きさ、1けたでわるわり算の筆算
5月　折れ線グラフ
6月　1億をこえる数、垂直と平行
7月　小数のたし算、ひき算

と5、6月は文章題を解くための図をあまり使わない時期になります。だから、単元で図を使用しなくても、家庭学習やスキマ時間で取り組む場を設定し、経験を積み重ねる必要があります。このときに5章で紹介するMBP（みんな文章題が得意になるプリント）が有効です。
　こういった取り組みは、

1〜3年生、遅くても4年まで

にしておきたいです。学年が上がるにつれて、分数、小数といった抽象的な世界へと入っていきます。だから、整数の世界がメインである低学年のうちに経験を積ませておきたいものです。

✏️ パラパラ見ておくことの良さ②

　それぞれの単元には、教科書会社が設定した時数があります。実はこの時数は、あくまで目安の時数なのです。絶対にこれ通りで行わなければいけないというわけではありません。ただこの時数を超えていくと、年間時数を超えてしまうため学期末にテストが終わっていないなどの大変な思いを先生も子供もしてしまいます。
　だから私はいつも設定時数の7割の時間で単元を構成し直します。残りの3割の時間は子供達が苦手としている部分の学習のプリントを行ったり、図を描いたりする時間にします。詳しいことは、拙著『クラス全員をアクティブな思考にする算数授業のつくり方』（明治図書出版）をご覧ください。

> 全学年に共通のノウハウ

アイテム登場一覧表を作ろう

全学年での系統性をとらえて授業に取り組んでいますか?

🖉 アイテム登場一覧表

　下の図は、本書で登場しているアイテムについて、算数科の教科書会社6社を参考に、使用したい学年を一覧にまとめた樋口案です。

	1年	2年	3年	4年	5年	6年
①ブロック	●	●				
②絵	●	●	●			
③ドット図	●	●				
④テープ図	△	●	●			
⑤線分図	△	●	●	●	●	●
⑥数直線図		△	●	●	●	●
⑦関係図			●	●	●	●
⑧4マス関係表			△	●	●	●
⑨簡単な数に				△	●	●

(⑩オリジナル図は出てきたら扱います。△は要検討)

　ブロックやアレイ図は1〜3年生までです。4年生から抽象的な数の世界へと入っていくため、使用する図も変わっていきます。すべての図をその学年で使用しないといけないわけではありません。

✏️ 注意点！

　実はここで紹介している図がすべての教科書で登場するわけではありません。関係図や4マス関係表は教科書会社6社すべてに出ているわけではありません。使用している教科書で調べてみてください。

　だから、この単元ではこの図を使おうと思っても、実は今までの単元に登場していない場合もあります。そのような状態であれば、子供達がその図を描けないのは仕方がないことです。

　自分が使用している教科書に出てこない図を使用したいと思われる先生もいるかもしれません。また学年を超えて、前倒しで使用したいと思われるかもしれません。自分で問題に応じて図を選択して、活用をしていく子供になるよう導くために、学年や教科書に固執せず使用していくことには賛成です。そういった柔軟な考えを持った先生が応用力のある子を育てると私は考えています。

✏️ 教科書に出てこない図を使用するときには

　教科書に出てこない図を扱ったときには、次の学年の先生に伝えておきます。そして、授業でも教科書に登場する図を使用することを前提として、＋αとして、教科書に出てこない図を紹介していきます。その上で、「どちらが使いやすい？」「どっちを使いたい？」と教師が子供に問いかけ、

　　　　　　　子供達自身に選択をさせる場を設けます。

そうすることで、どの子も選択して活用していけるようになります。

　逆に、使用を予定していない図を前学年で教わっており、子供自身で使っているときがあるかもしれません。そのときは認めてあげましょう。「その図は使ったらダメ」と制限することはやめましょう。

全学年に共通のノウハウ

絵や図に関する
テストをしよう

4月に子供達の図を使える力を把握していますか？

✎ 4月に子供達の図を使える力を把握するために行うテスト

　　　　　　テスト　　　　名前（　　　　　）

1 「1m 300円のリボンがあります。3mだと何円ですか。」
　という問題にあう図は(1)〜(3)のうちどれですか。

(1) 0　3　□（円）　(2) 0　1　□（円）　(3) 0　300　□（円）
　　0　1　300 (m)　　　0　300　3 (m)　　　0　1　3 (m)

　　　　　　　　　　　　　　　　こたえ　□

2 「4m 800円のリボンがあります。1mだと何円ですか。」
　この問題にあう数直線図をかきましょう

　　　　　　　　　　　　　　　　　　ヒント
　　　　　　　　　　　　　　　　　数直線図とは
　　　　　　　　　　　　　　　　　1のような図です。

3 「赤い花が50本、白い花が70本あります。
　花は、あわせて、何本ですか。」
　この問題にあう図をかきましょう。

🖊 なぜテストを行うのか

　なぜテストを行うのか。理由は簡単です。それは、子供達一人ひとりの図を使える力を把握しておきたいからです。使える力には個人差があり、全員同じスタートを切れるわけではないからです。
　このテストは3年生以降で行いたいです。4月に子供の力を把握しておくことで、これ以降の指導の仕方、作戦が変わってきます。

🖊 テスト内容

　テストの内容は各学年によって変えてください。本書のP.54では各学年で登場するアイテムをまとめています。それを参考にして、4月以降の1年間でどの図を重点的にするのかの見通しを立てながらテストを作ってください。左のページは、高学年用のテストの例です。
　このテストはあくまで図を描けるかどうかを把握するためのテストです。だから、問題文の数値を難しく（大きな数、分数、小数など）設定したり、答えを出させたりする必要はありません。どの図が正しいでしょうかと選択肢のある問題を作ってもいいです。選択肢にすると、テストの実施時間を短縮できます。そして、たとえば、「数直線図を描きましょう」という問題には、左のページのように「数直線図とは」というヒントを出してあげておいてもいいです。
　もしかしたら子供達はこのような答えを出さないテストにびっくりするかもしれません。しかし、平成24年度の全国学力・学習状況調査のA問題では、問題文を図へ変換する問題が出題されています。だから、こうしたテストに取り組んでおきたいものです。

低学年　1年生での取り組みが重要

2年生でやってくる壁を乗り越えるために！

🖋 そんなことでつまずくの？

> 赤色の花が9本あります。
> 青色の花が6本あります。
> どちらの花が多いでしょうか。

という問題があったとき、「赤色の花が9本➡ブロック9個」に置き換えることにつまずく子がいます。「え？　どうして赤色の花がブロックになるの？」と質問してきた子に出会ったことがあります。大人が「え？　そんなところでつまずくの？」と思うようなことにつまずくのが低学年の子供達です。

　そういった子でも、「自分で絵を描く」活動や「変身させよう」という教師の一言をヒントにブロックを使えるようにもなります。各アイテムは、独立はしているものの、できれば、絵➡ドット図のように連続性を持って指導することでより有効になります。

🖋 1年生の学習がキーを握っている

　「1～6年生の算数でどの学年が一番難しいですか」と聞かれたら、それは間違いなく6年生です。一方、「1～6年生の算数でどの学年が一番重要ですか」と聞かれたら、私は1年生だと考えています。P.20

で書いた「何を答えればいいかわからない子」を低学年のうちにどうにかしないと、6年生になっても学習のしんどい子、わからないと答え続ける子のままです。だから他の学年より比較的授業に余裕のある1年生のうちにしっかりと絵や図を使い、文章題に挑む子へと導くことが大事です。1年生だからできないということはありません。教師側から丁寧に、3段階のプロセスを意識して段階的に指導をしていくと子供はできるようになります。

✏ 2年生で大きな壁が……

「1年生のうちに」と強調するのは、実は2年生の学習で大きな壁がやってくるからです。それは、逆思考と言われる問題です。式には、
「問題の関係を表す式」と「答えを求める式」
という2種類があります。
　2年生の順思考の問題までは、
問題の関係を表す式＝答えを求める式
になっています。反対に、逆思考の問題とは次のような問題です。

> 赤鉛筆が80本と青鉛筆が何本かあります。
> 合わせると120本になります。
> 青鉛筆は何本あるでしょうか。

　青鉛筆を□本としたとき、
問題の関係を表す式は、80＋□＝120となります。一方で、答えを求める式は、120－80＝□となります。
　2年生以降は、逆思考の問題となり、
問題の関係を表す式と答えを求める式が異なること
がほとんどです。そのため、問題の関係を把握しづらくなっている場合があります。1年生で、絵や図が使えると、この大きな壁を飛び越え、文章題に挑む子へとなれるのです。

低学年
アイテム②「絵」の導入

絵で表現することにトライしましょう！

📝 文章題で使用するアイテム「絵」とは

　問題文を絵で表現させます。絵を描かせるときには、言葉や矢印を追加したりして、より問題のイメージを明らかにします。

📝 絵を導入するときのやりとり

先生　　「今日はこの問題を絵で描きます」
子供達　「絵を描いていいの？」

先生	「うん。この問題を正しく絵で描けていたらわかっていることになるからね」
子供達	「たしかにそうだね」
子供達	「葉っぱを描いてもいいの？」
先生	「いいですよ。普段自由帳に描いているみたいにね」
子供達	「算数の勉強なのにいいのかな……」
先生	「じゃあ、時計の針が2になるまで（10分間）、このノート1ページを使って大きく描きますよ。さあスタート！」

とにかくたくさん描かせるべし

　絵を描いた後はどんな絵を描いたのかを交流させます。実物投影機やタブレットPCがあれば、前に大きく映し出します。なければ、立ち歩かせて他の子がどんな絵を描いたのかを交流させます。交流後、「誰のどんな絵がよかった？」と聞くと、次に絵を描くときに他の子の描き方も参考にすることでしょう。

　私が1年生を担任したときには、1年間で最低5冊以上子供達にノートを使わせます。とにかく絵を描かせまくります。宿題でも絵を描く課題を出すため、5冊以上使うことになります。ワークシートを使ってもいいのではと思われたかもしれませんが、

ワークシートを使った分だけ、ノートが描けなくなる

という思いがあります。だからノートをどんどん使用させていきます。1年生に限らず、新年度新しいノートをもらった子は、ノートをきれいに使うぞとかたくさん描くぞと思うはずです。そういった最初の気持ちを大切に意識させながら、たくさん描かせて、経験を積ませます。

低学年
アイテム②「絵」は自由に

絵はノートのマスを無視して描かせましょう！

🖊 絵を描くときは自由に

絵を描くときは、私は下のようにマスを無視して描かせます。

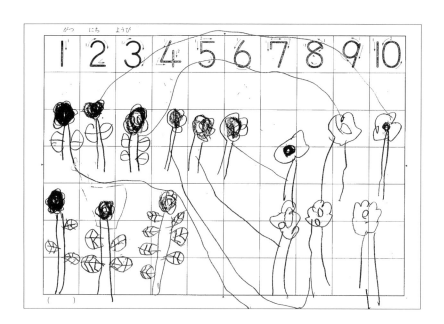

🖊 マスを守らせることが大切なのか

数直線などの図を描く場合は、ノートの線を利用して描かせたり、

子供達自身もそれを使ったりして描くため、ここまでマスを無視することはありませんが、絵の場合はマスを無視して描かせています。
　マスを守らせて、絵を描かせることはできます。しかし、そうすると「マスを守らないといけない……」という思いが子供達の中にできてしまい、子供の思考の足枷となってしまう場合があります。マスを守る・守らないというのは、本質的にはどちらでもいいことです。ノートはきれいに描けるに越したことはないですが、大切なことは、その子が絵を描くことで問題をイメージできたかどうかです。

✏️ 先生側が「？」と思うような絵であっても

　算数が苦手なある子が描いたのが、左のページの絵です。その子は普段なかなか立式できない子でした。左のページの絵は、

> 赤色の花が9本あります。
> 青色の花が6本あります。
> どちらの花が多いでしょうか。

という問題を表したものです。本当はノートの上に赤色の花を、下に青色の花を描いた方がよりわかりやすいものです。
　しかし、その子は赤色と青色の花を線で結びつけ、その後、立式もできました。その子にとっては、この絵が立式するための自分にとってのアイテムになっていたのです。独自のやり方が自分にとってのアイテムになっている子に対して、「もっときれいに描きなさい」「マスを守りなさい」と言うことに何のメリットがあるのでしょうか。
　先生側が「？」と思うような図でも、子供にとっては立派なアイテムになっている可能性があります。だから、無用な縛りをかけることなく自由に描かせることが大切です。

低学年　アイテム③「ドット図」の導入

ドット図にトライしましょう！

📝 文章題で使用するアイテム「ドット図」とは

ドット図とは下のようなものです。1年生の教科書で登場します。

```
あかいはなが 5ほん
しろい はなが 4ほん あります。
はなは、あわせて、なんぼんですか。

  あかい はな              しろい はな
● ● ● ● ●           ● ● ● ●
```

📝 ドット図を導入するときのやりとり

先生　　「今日はこの問題をドット図で表して考えていきます」
子供達　「ドット図って何？」
先生　　「これです！」（●を黒板に描いてみる）

子供達	「黒丸だ！」
子供達	「胡麻団子！」
先生	「黒丸や胡麻団子と言っている人がいますが、これを算数ではドット図と言います。丸を描いて、黒く塗れば完成です。簡単でしょ？」
子供達	「かんたーん」
先生	「じゃあ、描いてみるよ。赤い花は 5 本だからドット図を何個描いたらいい？」
子供達	「5 個」
先生	「そうだね。ノートに 5 個描くよ」（どこに描くか見本を見せながら）
先生	「じゃあ、次は白い花が 4 本だから、ドット図を何個描いたらいい？」
子供達	「4 個！」
先生	「そうだね。ノートに 4 個描くよ」（どこに描くか見本を見せながら）
先生	「合わせて何個になるかな？」

✏️ ドット図を描くときの注意点

　ドット図を描くときに、黒色を丁寧に塗ろうとする子がたまにいます。黒く塗るのは適当でいいと伝えましょう。「1 個のドットを 4 秒以内で描く」という合言葉があってもいいです。またノートは 1 マス 1 ドットの形式がわかりやすいです。

低学年　アイテム③
「ドット図」を使いこなす

スムーズに絵をドット図へ置き換えさせるには？

 気がついたかな？

　前ページでドット図について紹介しましたが、絵でしていたことを、ドット図に置き換えるだけでよいのです。
　連続的に取り組むことで、よりドット図が使えるようになります。

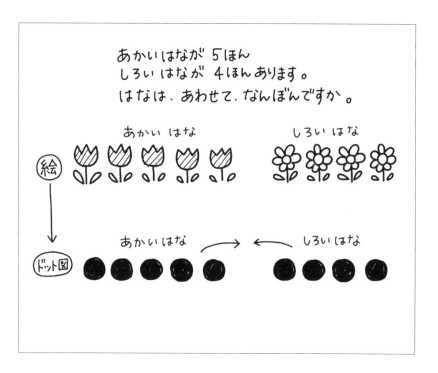

✏️ ドット図へ置き換える方法

　どうやって絵から図へと置き換えさせるのか。ポイントは、
　　　　　子供達に絵を描くことがめんどうくさいまたは大変
という経験をさせるということです。たとえば、以下のようにです。
　授業でいつものように絵を描かせます。ただし、いつもより時間を短くしてみます。

先生　　「今日は今から1分以内で問題文の絵を描いてみよう」
子供達　「え〜、そんなの無理だよ〜」
子供達　「できそうだよ」（実際にやってみる）
子供達　「ほら！　やっぱりできなかったよ！」
子供達　「私はできたよ！」
先生　　「じゃあ、もう1問してみるよ」（実際にやってみる）
子供達　「やっぱりできない〜」
先生　　「描けた子、描けなかった子がいるみたいだね。じゃあ、全員が早く描くための新しいアイテムを教えます」

と言ってドッド図を紹介します。紹介した後は、

先生　　「じゃあ、実際に花を1分以内でドット図で表してみるよ」

と言い、実際に行います。ここでのコツは、実際に全員にできると実感させることです（1分を過ぎていても、全員が描けた段階で1分経ったので終了と言う裏技もあります）。実際に描けるという成功体験をさせることで、学習がしんどい子も描けるようになります。

✏️ 「時間設定＋大きな数」で大変さを演出

先生　　「今から花を60個、ノートに絵で描いてみよう」

と大きな数を絵でまず取り組ませます。すると子供は「花を60個も描くのはめんどうくさい、大変だ」と思うはずです。そして絵でなく、ドット図が便利とどの子にも思わせることができます。

低学年
アイテム④「テープ図」

ブロックを並べた図・ドット図からテープ図への置き換え

📝 文章題で使用するアイテム「テープ図」とは

　ブロックやブロックを並べた図やドット図からテープ図へとパワーアップする授業をやってみましょう。テープ図は2年生でよく使用します。

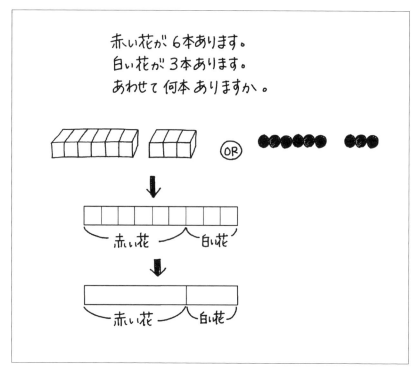

✏️ テープ図を導入するための声かけ

先生 「この問題をブロックで考えてみよう」（ブロック操作をする）
先生 「今のブロックの様子をノートに描きますが、新たなアイテム『テープ図』を紹介します」
先生 「赤い花が6本だから、6マス囲みます」
先生 「次に白い花が3本だからその横で3マス囲みます」
先生 「マスを合わせると1本のテープのようになったでしょ？　だから、テープ図と言います」

✏️ テープ図を描けるようになるために

　テープ図をいきなり描くのは、学習がしんどい子にとってはハードルが高いです。だから、これまでに使用しているブロックを並べた図・ドット図からテープ図に置き換えると連続性があり、理解しやすいです。ブロックが使えるのなら、ブロックだけでいいのではと思われた方がいるかもしれませんが、テストではブロックを使用することができません。いつもブロックを使えるとは限らないのです。
　最初は、上記のようにブロックの数とノートのマスを同じにして子供に取り組ませます。ノート1行のマス数が限られるため、問題の数値設定は簡単なものしかできませんが、テープ図に慣れ親しむためには、簡単な数値で構いません。慣れてきた後、マス数にとらわれずテープ図を描く練習もします。たとえば「20 + 12」という立式なら、「20」の方が大きいからマス数を多くして描こうといった丁寧な指示が必要です。
　またテープ図に慣れるまでは、青色と赤色の紙テープを配り、
　　　青色と赤色の紙テープを操作させて、その操作した様子
をノートに描かせるということも有効です。2年生で登場する逆思考の問題 (P.59 参照) では必ず必要となるアイテムがテープ図です。

低学年
アイテム⑤「線分図」

線分図へのトライorテープ図から線分図への置き換え

✏ 文章題で使用するアイテム「線分図」とは

　線分図とは、数量の関係を線分で表したものです。数直線とよく間違えられますが、異なります。

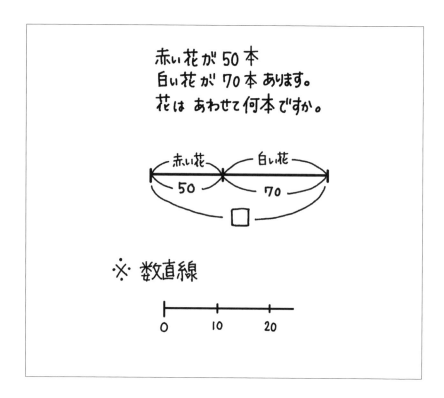

✏️ 線分図の導入の仕方

「赤い花が50本、白い花が70本、全部で何本ありますか」
という問題があったとき

先生　「1本の横線を描きます。そして、このあたりで線を区切ります。左のところに赤い花の50本と書きます。そして、右のところに白い花の70本と書きます。全部の数を答える問題だから、このようにここに □（四角）を書きます」

というように指示をします。

　線分図はテープ図に比べると時間をかけることなく、1本の線を描くだけなのですぐに描くことができます。区切りの位置はおよその位置で構いません。だから、テープ図は苦手でも線分図の方が得意、描きやすいという子がいます。

　線分図は数量の和や差、割合と実数の関係、対応関係や比例関係をわかりやすく表現することができるため、よく使われます。

✏️ テープ図から線分図へ置き換える

　これまでのように線分図もテープ図から置き換えることができます。学習がしんどい子にとっては、置き換えることの方が図の連続性を感じ、ハードルが低いです。次のようなやりとりで導入しましょう。

先生　「みんな、この問題をテープ図で表してみよう」（テープ図を描く）

先生　「テープ図を描くのに少し時間がかかるよね？　だから、テープ図を進化させて、新しいアイテム『線分図』にします。描き方はテープ図とほとんど変わりません！」

子供達　「え〜。変わらないの？」

先生　「はい。変わらないよ。変わるのはテープの幅がなくなるだけです。じゃあ、実際に先生と一緒に描いてみよう」

中学年　問題に立ち向かえるようになるために

イメージのさせ方を工夫しましょう！

🖊 イメージが少しずつしづらくなる中学年

> 1m200円のテープがあります。
> 3m買うと
> 何円になるでしょうか。

という問題があったとします。よく算数は日常場面と結びついていると言われますが、実際に1mのテープを3m分買う小学生はどれほどいるのでしょうか。100円均一だと1mのリボンは丸まっていたり、折られていたりと本当に1mを量的には見ることができません。あくまで算数の文章題における日常場面というのは、すべてが現実というわけではありません。日常場面に似せた設定です。また中学年から小数、分数が入ってきます。そのため少しずつ問題をイメージしづらくなってきます。

🖊 一文ごとにイメージを持たせる

　たとえば、上のような問題があったとき、すぐに図を描ける子もいれば、描けない子もいます。そこで次のように、
先生　「1m200円のテープなんだね。1mを両手で表してごらん」
（子供達、それぞれ両手で1mぐらいを表す）

先生　　「これが 200 円なんだね」
先生　　「次は 3 メートルだよね？　両手で表してごらん」
子供達　「え〜、3m はもう両手では無理だよ〜」
先生　　「そうか。これ以上は両手では無理なんだね。
　　　　　でも、この問題をイメージできたかな？」
子供達　「うん！　イメージできたよ！」
先生　　「じゃあ、今イメージしたことをノートに図で表してみよう」
と言い、子供に数直線をノートに描かせてみます。初めてのときは、もちろん数直線を知ることからのスタートです。

　より具体的にイメージさせるために、たとえば、
「このテープで何をするのかな？」
とテープの使い方について聞いてみるのもありです。少し算数とはずれてしまうかもしれませんが、よりイメージをしやすくなります。

　またイメージをさせるのではなく、
「1 行目には何が書いてある？」
「2 行目には？」
「3 行目には？」
「何を求めたらいいの？」
と問題を一文ごと確認してから、図に表現させていくことも有効です。

✏️ 中学年でのアイテムの導入の仕方

　低学年では問題文を絵で表すところからスタートしましたが、
　中学年以降は頭の中での思考や動作化などでイメージを持たせる
ことが有効です。つまり、
　　　　　「問題文をイメージ、操作をしてから (絵や) 図」
という流れになります。これで学習がしんどい子も絵や図を使えるようになります。

中学年
アイテム⑥「数直線図」

数直線と数直線図にトライしましょう！

🖉 文章題で使用するアイテム「数直線図」とは

　数直線図とは、数直線と数直線、数直線とテープ図など数直線と何かを組み合わせたものです。

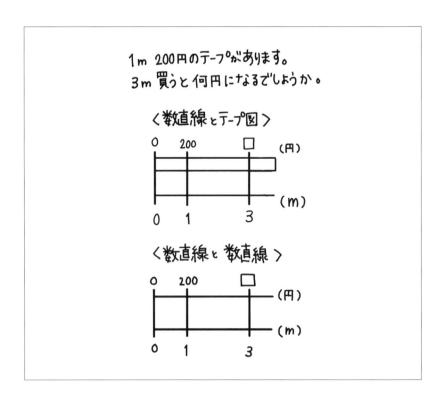

✏️ 数直線と数直線図の違い

　数直線と数直線図とは少し異なります。数直線とは、直線上の一番左に 0 の印をつけ、右へ等間隔に目盛りをつけ、数を対応させて表したものです。右に進むほど数が大きくなります。1 年生の教科書にも出てきます。数直線図は、数を直線上に表すだけでなく、量を表すことができます。量がわかると、子供達は文章題を理解しやすいです。

✏️ テープ図と数直線を組み合わせる

　いきなり数直線図から入るのは、少しハードルが高いです。平成29 年度の全国学力・学習状況調査の A 問題① (2) でも数直線図を扱う問題が出ましたが、正答率が 70% でした。学級 40 人に当てはめると、12 人の子ができていません。数直線図は身につけづらいのがわかります。そこで、2 年生までによく使用してきたテープ図を活用し、
テープ図と数直線を組み合わせた数直線図
から入ることをオススメします。慣れてきたなと思ったら、テープ図から数直線に移行します。テープ図は感覚的・視覚的に数量をとらえやすいです。学習がしんどい子は無理に数直線に移行する必要はありません。
【2 本の数直線図の導入の仕方】
①「ノートのマスの線を使って、2 本の横線を描きます」
②「左端に 0 を書いて、上の数直線は何を表すのか、下の数直線は何を表すのかを考えます」
③「考えたら、右端にその単位をそれぞれ書きます」
④「下の数直線に『1』の目盛りを描き、上に対応する数量を書きます。そして、下の数直線に (たとえば) 3 を書き、同じように対応する数量を書けば、完成です」
(目盛りの位置はおよその位置で構いません。)

中学年
アイテム⑦「関係図」

関係を矢印や言葉を使って表すことにトライしましょう！

✏️ 文章題で使用するアイテム「関係図」とは

　関係図とは、数量間の関係を矢印や言葉を使って表した図のことです。

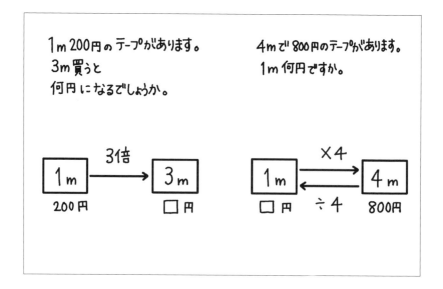

✏️ 簡単な数値・親近感のある設定で導入

　関係図を導入するときは、簡単な数値や親近感のある設定で導入することで学習がしんどい子も取り組むことができます。

先生　　「今日は新たなアイテム『関係図』を紹介します」
子供達　「関係図？？」
先生　　「こういう問題があったとします。
　　　　先生のペンの長さは 10cm です。
　　　　A さんのペンは先生のペンの長さの 2 倍です。
　　　　A さんのペンの長さは何 cm でしょうか」
子供達　「わかった！　答えまでわかるよ！」
先生　　「じゃあ、先に式、答えを出しておこうか。式はどうなる？」
子供達　「10 × 2」
先生　　「答えは？」
子供達　「20 です！」
先生　　「そうだね。20 だね。関係図はこのように描きますよ」

　このように、式や答えを先に明らかにしておくことで、図を描くことに焦点化して取り組むことができます。立式できるということは、関係も把握できています。それを図に表していきます。

✏️ 注意点

　矢印は基本的には右への矢印ですが、矢印をどの方向に描いていてもその子が関係を把握できれば構いません。関係図を描くのが難しい子は他のアイテムと併用をさせて考えさせてもいいですし、次に紹介する 4 マス関係表の方がわかりやすいという場合もあります。

中学年　アイテム⑧
「4マス関係表」

4マスで関係を表すことにトライしましょう！

✏️ 文章題で使用するアイテム「4マス関係表」とは

　　下のように縦2横2の4マスで縦同士、横同士を対応させ比例関係で成り立っている表のことです。数直線図を描くことが難しい子でも負担なく使えることができるアイテムです。

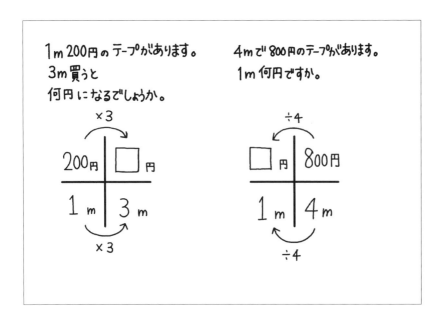

✏️「は・じ・き」や「く・も・わ」よりも　4マス関係表

　左ページの文章題の場合、4マスの左脇下側に「(長さ)」、上側に「(金額)」と単位を書いておくと、どのように縦と横の関係を同じにすればいいのかということが見えやすいでしょう。慣れたら、単位の記入は省略させます。すると、より簡単に素早く描けるようになります。
　「速さ」や「割合」の問題で「は・じ・き」や「く・も・わ」というアイテムに頼らなくても、これまでに本書で紹介したアイテムやこの4マス関係表があれば、文章題に立ち向かうことができます。

✏️ 4マス関係表を描くときの注意点

　4マスの中で「1」を書くマスはどこでもいいです。左ページでは左下にしていますが、左上に書く子もいます。わり算をイメージしやすいからか、右下に描く子も樋口学級の子供でいました。大切なことは、縦と横の対応関係を同じにすることです。その比例関係さえしっかりできていれば、これまでのアイテムと同様に細かな点は子供に任せます。
　比例関係が成り立っているので、上のマスが3倍になると、下のマスも3倍になるという関係はまだわかりやすいようですが、逆に上が÷3のときは、下も÷3になるということをなかなか理解できない子がいます。そういった場合にも簡単な数値で何度か取り組むことをオススメします。
　私は4マス関係表は中学年から導入します。ただし、4マス関係表を描くことだけを行うと「形式化」されてしまい、子供が問題をイメージしなくなる心配があります。そのため、4マス関係表を描くだけでなく、他の図も同時に描くように場を設定するようにしています。
　4マス関係表の描き方など詳しいことは、参考文献に挙げている筑波大学附属小学校の田中博史先生の書籍がとても参考になります。

高学年　問題に立ち向かえるようになるために

問題を簡単な数値に置き換えましょう！

🖉 差がはっきり見える高学年

　高学年で文章題を苦手としている子は多いです。そして、できる子、できない子の差がはっきり見えます。これまでの学年でできなかったことの積み重ねが差になっているのでしょう。しかし、ここでも諦めなければ、文章題に立ち向かえるようになります。

低学年……問題文を絵、そして図へ
中学年……問題文をイメージ、操作をしてから(絵や)図
高学年……問題文を簡単な数値に置き換えてから図
とP.49に書きました。

　さて、ここからは、高学年について書いていきますが、結論としては、新たな取り組みをするというより、
　　低学年や中学年で取り組んできたことを組み合わせるだけです。
高学年でも低学年や中学年でやってきたことを繰り返すのです。

🖉 イメージできますか

　高学年では分数や小数といった抽象的な数の世界に入っていきます。6年生の「分数×分数」「分数÷分数」では、ペンキが文章題の題材として出てきます。では、
　　　　ペンキ3分の2Lをイメージしてみてください。

どうでしょうか。イメージできたでしょうか。だいたい1Lがこれぐらいだから、3分の2ということは……とイメージされた方もいれば、もしかしたらペンキ缶を思い浮かべたかもしれません。とにかく分数はイメージしづらいのです。

　そもそも日本は分数よりも小数が使用されている国です。身の回りで表記に分数が使われているものはほとんどありません。小数ばかりです。だから、小数はイメージできても、分数はなかなかイメージできないのは仕方がないことなのかもしれません（逆に世界には、小数ではなく分数が使われている国もあります）。

✐ 高学年は最初に「簡単な数値に置き換えて」考える

　そこで、高学年では図を導入するときに、問題文の数値を簡単な数値に置き換えて、中学年で行ったように先にイメージをしてから図に置き換えていきます。詳しくは次ページ「簡単な数値に置き換える」で紹介します。

高学年　アイテム⑨
「簡単な数値に置き換える」

これで分数も小数も問題ナシ！

🖉 簡単な数値に置き換える

　分数や小数や大きな数値を簡単な数値に置き換えて、イメージしやすくします。

4.2 m のロープの重さは、2.1kg です。1 m では何 kg ですか。

⬇　簡単な数値へ

4m のロープの重さは 8kg です。1m では何 kg ですか。
(式) 8 ÷ 4

⬇

元の問題の数値に置き換える
(式) 2.1 ÷ 4.2

✏️ 簡単な数値に置き換えることで
イメージしやすくなる

　左のページの上の問題では、① 4.2 ÷ 2.1　② 2.1 ÷ 4.2
のどちらの式が正しいでしょうか。すぐに4マス関係表などを描き、立式できる子もいるかもしれませんが、どうしても、わり算では「大きな数÷小さな数」という意識が子供の中にあります。そのため、誤解して①の立式をしてしまう子は少なくありません。
　しかし、簡単な数値に置き換えてみるとどうでしょうか。
子供達　「4mのロープの1m分ということは、4mを4等分をすればいいのだから、重さも4等分にすればいいね」
子供達　「だから『8 ÷ 4』になるんだ」
などと問題をイメージしやすくなり、立式もスムーズです。
　簡単な数値で立式できたら、元の数に戻せば本来の問題でも立式できているという仕組みです。難易度がとても下がります。
　簡単な数値の組み合わせとして、私は、

「2」と「4」

を使います。偶数ですし、「4 ÷ 2 = 2」「2 ÷ 4 = 0.5」と除数・被除数どちらにしても答えも求めやすいからです。「1」と「10」を使う方がイメージしやすいという子もいました。この簡単な数値の設定も子供達自身で自分にとって最適の数値を見つけるように指導しましょう。

✏️ さらに図を使わせる

　ただ、簡単な数値に置き換えても、それだけでは式がわからないときがあります。私も割合の問題を考える際にそうなるときがあります。そこで、簡単な数値に置き換えたときに図も併用させます。線分図やテープ図、絵でも何でも構いません。そうすると問題をイメージでき、立式できます。私は線分図を併用させることが多いです。

高学年　アイテム⑩
「オリジナル図」

アイテムを組み合わせて自分達用にアレンジ

✏️ 文章題で使用するアイテム「オリジナル図」とは

　オリジナル図とは、子供達と作り出したオリジナル図のことです。下は数直線とテープ図が合体したオリジナル図です。

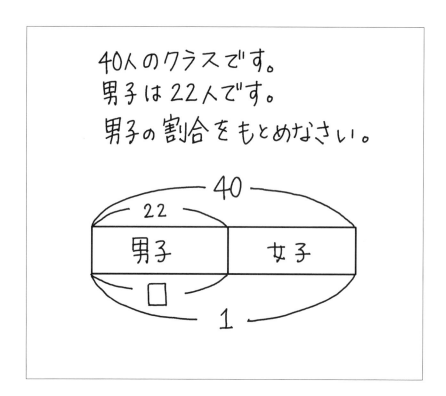

✏️ オリジナル図ができた経緯

　左ページの図は、初めて私が5年生を担任したとき、割合の単元でできたオリジナル図です。教科書には出てこない図です。割合は言わずとしれた難単元です。前述の「く・も・わ」の図であったり、「〜は」「〜の」といった文から立式をしたり、さまざまな図を試しましたが、関係を把握することができない子が多くいました。

　そんな中で子供達が発案したのがオリジナル図です。正確に言えば、元は、ある子がご家庭でお母さんから教えてもらった図でした。テープ図と似ていて、量が見えるためわかりやすかったようです。

　すでに知っている図を、自分達用にアレンジした図になっていたため、学習がしんどい子達にとってもわかりやすかったようです。

　その後、5年生を2回目に担任した際の割合の学習をしたときに、左ページのオリジナル図を紹介したのですが、逆にわかりづらいという声があがり、もっとシンプルな線分図の方がいいとなりました。

　そこで、5年生を3回目に担任したときには、オリジナル図の例を紹介した上で、一人ひとりに図を選択させました。4マス関係表を描く子もいれば、数直線図を描く子も、オリジナル図を描く子もいる状態になりました。交流の場面で他の子の説明を聞き、自分が使用していた図以外の良さに気づき、次時では新しく知った図を使う子もいました。

✏️ いきなりオリジナル図ではなく

　いきなりオリジナル図を作ったり、推奨したりするのではなく、基本的には教科書に載っている図を使用します。なぜなら、家で勉強していてやり方がわからなくなったときに教科書に載っている図を参考にしながら考えることができるからです。オリジナル図を使用する場合は P.102 で紹介しているように、自分の言葉で図の使い方を表現した説明書などを持たせておくようにします。

子供達はどの図が使いやすいのか

アンケートの結果分析&テストでの工夫

✏️ テストでも工夫できる

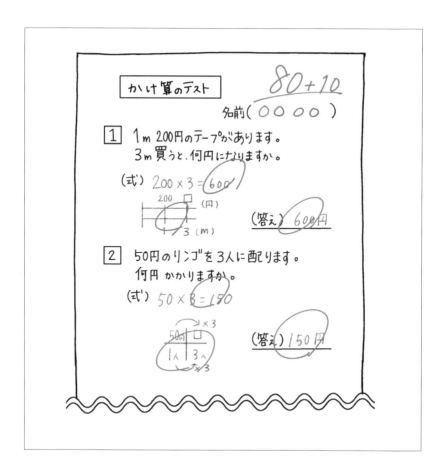

🖉 アンケート結果から見えてきたもの

　以前、樋口学級（高学年）で、「どの図が一番使いやすいですか」というアンケートを何度かとったことがあります。アンケートをすべて同じ学年でとっていないので、正確なことは言えませんが、ある年は「4マス関係表」が使いやすいという結果になれば、別の年は「オリジナル図」がよいという結果になりました。その年、その年によって結果が異なったのです。ただし、全般的に関係図や4マス関係表が比較的上位にきています。その理由として、
「関係を表しやすい」
「(数直線図のように) 線などに置き換えなくてもいい」
「線が2本出てくると、どれがどれかわからなくなる」
といった理由が書いてありました。子供達の正直な理由です。
　そして、興味深かったのは、一つの図をきちんと使えるようになると、他の図も使えるようになる子が多かったのです。一つの図によって関係を把握することができるようになり、その波及効果があったのでしょう。

🖉 テストで一工夫

　市販のテストでは、絵や図を描くような問題があまりありません。だから市販のテストでは、単元で使用してきた図がどこまで定着しているのかは確かめることができません。絵や図を描く別のテストを行ってもいいのですが、それではまた時間がかかります。そこで、左ページのイラストのように、
　　　　市販テストの空いているスペースに図を描かせる
ということをします。1つ描いてそれが正解なら、＋1点です。元々の点数に加点はできないので、「80＋α」と「＋α」で表記します。ただし、図を間違えていても減点はしません。

第5章

アイテムを使う
経験を積むための取り組み

表現を変換して表現する取り組み

子供同士で説明を絵や図に置き換える活動

🖉 経験を積むための取り組み

　これまでに10のアイテムについての紹介をしてきました。ただしアイテムである絵や図などを知っていても、実際にそれらを使ってみないと「宝の持ち腐れ」です。RPGで無敵の剣を持っていても、使わなければ、敵にやられるのと同じです。

　絵や図などを使う経験を積むための活動の一つが表現を変換する活動です。表現の変換とは、「図」を「文章題」や「式」に変換したり、「文章題」を「式」や「図」に変換したり、「説明」を「図」や「式」に変換したりすることです。

🖉 式表現を変換

$$(A + B) \times C \div 2$$

　という式を見て何をイメージしますか。「(上底＋下底)×高さ÷2」という公式を思い出し、台形をイメージしたのではないでしょうか。思いつけた人は、式から図形へと表現を変換させています。

　この式を見て、何も思いつかない子がいたときに、台形の図形を見せるとどうなるでしょうか。「あ！　台形!?」と気づくことができるかもしれません。最初はわからなくても台形と気づいたときに表現を変換しはじめています。

🖉 表現の変換に一工夫する「ジャンプ」

　表現を変換させるということは目新しいものではありません。これまでも学級全体で考えを交流する場面で行ってきていることです。しかし、全体で考えを交流するときに、ぼーっとしてしまっている子がいます。ぼーっとしてしまう理由の一つは、他者の考えが理解できていないからです。他者が考え表現したことはなかなか理解しづらいものです。そこで、私は、次のような一工夫を行います。

> **クラス20人います。**
> **8人が男子です。**
> **女子はクラスの何％ですか。**

　という問題があったとします。Aさんが、考えを交流する場で次のような自分の考えを言っています。

Aさん　「男子は『8 ÷ 20 × 100 = 40％』でしょ。100％から40％を引けば残り60％になるので、それが女子だよ」
Bさん　「なんとなくわかるー」
Cさん　「どういうことだろう……」
先生　　「じゃあ、全員立ってごらん。ペアでAさんの考えについてしっかり話し合いましょう。話し合ってわかったら座って、**ノートに図で表現してみましょう。**では、よーいスタート」

　このように一度、自分の言葉で音声表現をしたり、ペアで確認をさせたりしてから、図で表現させます。いきなり、「Aさんの考えを図に表現させる」よりも、ペア活動や考えの交流活動を取り入れることで学習がしんどい子も取り組みやすくなります。

　5章では、表現を変換して表現する活動に、目的意識をさらに持たせる一工夫をすることで、絵や図を子供達が自主的に使い始める取り組み、つまり「ジャンプ」の取り組みについて紹介します。

みんな文章題が得意になるプリント（MBP）作り

みんな文章題が得意になるプリントを作る

先生もラクになる一石二鳥のプリント！

🖉「みんな文章題が得意になるプリント」はどんなプリント？

絵や図を子供達が使う取り組みの一つが、

　　　　みんな文章題が得意になるプリント（MBP）

です。このプリントは、
- 子供が問題を作る
- 表現を変換させるプリントである
- 一人で1枚を完成させるのではなく、表現ごとに担当を変える
- スキマ時間や宿題で取り組む
- 子供同士で丸つけをする
- 教師の時短につながる
- A4もしくはB5用紙で1枚におさめる

といった特徴を持っているプリントです。

🖉 子供同士で丸つけをする

　上記の特徴に、「子供同士で丸つけをする」「教師の時短につながる」と書きました。「プリント」と聞くと、先生がプリントの丸つけをしないといけないと思い、仕事が増えてしまうと思われた方がいるかもしれません。しかし、基本的には仕事は増えません。なぜなら、

子供同士で丸つけをするプリント

だからです。

　先生が丸つけをすると、このプリントの効力が半減してしまいます。

　たとえば、P.95 で紹介するプリントは、自分が書いた問題を友達が図で表現するバージョンです。友達が図で表現したものが、正しいのかどうかを確かめることも表現を変換する活動につながります。

　ただ、そうは言っても最初から子供達に丸つけをすべてを任せると、子供達の中には適当に○をする子がいます。そこで、

最初は教師がしっかり子供同士で丸つけができているかをチェック

しておくことが大切です。4、5月にここをしっかり行うことができれば、教師はその後、

チェックする量を減らしていく
ランダムで、時々チェックをしていく

というように子供主導の取り組みができるようになります。また、

「みんな文章題が得意になるプリント」チェック係

を作っておきます。事前に学級全体でチェック方法を確認しておいて、その係に 4、5 月以降は任せることもできます。係を作らなくても、隣同士でチェックをさせるだけでも有効です。

✏ 時短につながる

　上記のチェック係や隣同士でのチェックは、教師の仕事の時短につながります。また、単元の最初の時点で子供が自由に問題を作れるように、

数種類の形式プリントを大量に印刷しておく

と、毎時さまざまなプリントを用意するよりも手間が省かれ、先生がラクをすることができ、さらなる時短につながります。

　プリント自体も凝ったものを作る必要はありません。Word など文書作成ソフトウェアで簡単なものを作るので十分です。

みんな文章題が得意になるプリント（MBP）作り

「問題」を「絵や図」へ変換する

基本的な取り組み方・ルール＆バージョン①

✏️ 「みんな文章題が得意になるプリント」（MBP）の取り組み方

(1) 教室の箱①（未記入BOX）から未記入のプリントを取る。
(2) 問題を書くスペースに自分が考えた問題を書き、箱②に入れる。
(3) 箱②（記入済BOX）からそのプリントを1枚取り、問題を作った人ではない人が、その問題を表現する絵や図を描く。
(4) 絵や図を描けたら、問題を作った人に丸つけをしてもらう。
(5) OKであれば、先生の机の上にプリントを提出する。
　　訂正が必要なときは、問題作成者が絵や図を描いた子に解説する。

✏️ みんな文章題が得意になるプリント（MBP）①
（「問題」を「絵や図」へ）

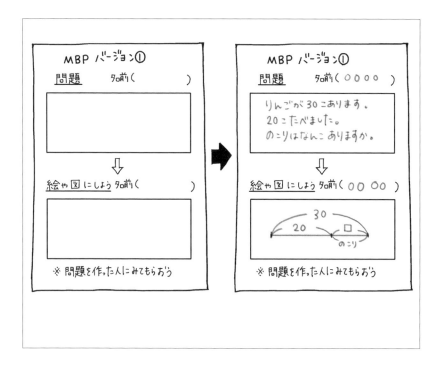

✏️ 基本的なルール

　左ページの取り組み方の説明にも書きましたが、問題を作った人とは別の人が絵や図を描きます。そして、問題を作った人がその絵や図が適切であったかどうかを評価します。

　高学年になれば、さまざまな図が登場します。それぞれの図を描けるよう回答スペースを2～3箇所用意したり、広くとったりするのもいいです。図を描くことが苦手な子達は、他の子が描くさまざまな種類の図を見て、学ぶことができるという相乗効果も期待できます。

> みんな文章題が得意になるプリント（MBP）作り

「式」を「絵や図」へ、さらに「問題」へ変換する

バージョン②③＆プリントに飽きさせないために！

✎ みんな文章題が得意になるプリント（MBP）②
（「式」を「絵や図」へ）

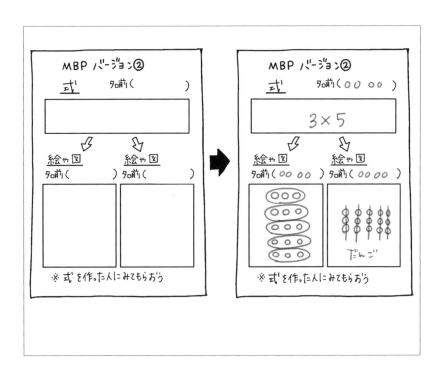

✏️ みんな文章題が得意になるプリント（MBP）③
（「式」を「絵や図」へ、さらに「問題」へ）

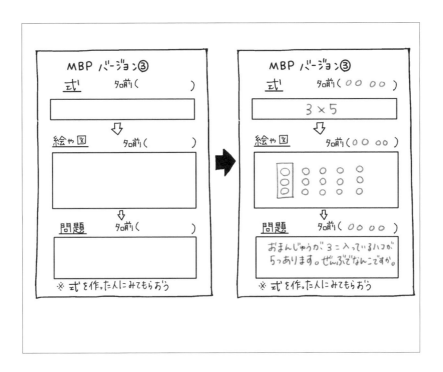

✏️ プリントに飽きさせないために

　プリントは、一度にすべてのバージョン（P.95〜99）を出すのではなく、「子供ができるようになってきた」「このプリントに慣れてきた」と教師が感じたときに、少しずつ別のバージョンを出していきます。

　慣れてきたらバージョンをランダムにして箱に入れておき、子供達はバージョンを選ばずに取ったプリントに取り組まないといけないルールにすると盛り上がります。

みんな文章題が得意になるプリント（MBP）作り

「絵や図」を「式」へ、さらに「問題」へ変換する

バージョン④⑤＆問題作りで気をつけたいこと

✏️ みんな文章題が得意になるプリント（MBP）④ （「絵や図」を「式」へ）

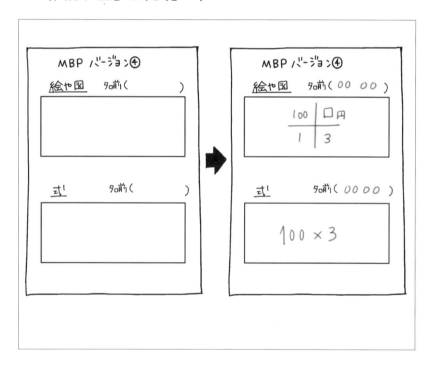

🖉 みんな文章題が得意になるプリント(MBP)⑤ (「絵や図」を「式」へ、さらに「問題」へ)

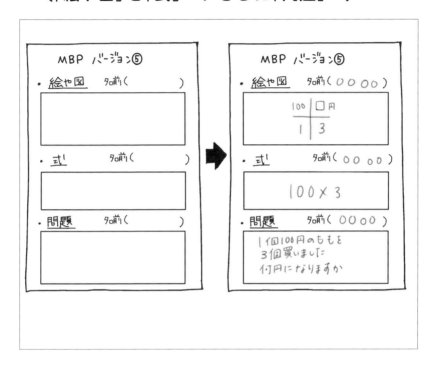

🖉 問題作りをするときに気をつけておきたいこと

　問題作りのときに、意識させておきたいことがあります。それは、
現実的にありえる設定かどうか
です。たとえば、「2×4」という式から下の問題を書いている子がいました。
1パック2tのリンゴジュースが4パックあります。全部で何tですか。
　どうでしょうか。2tのリンゴジュースって、ありえないですよね。現実的にはありえないような問題は、ダメです。

算数絵本を作ろう

低学年で取り組みたいワクワクする絵本作り

✏️ 算数絵本を作る

低学年で取り組みたい絵本作りです。

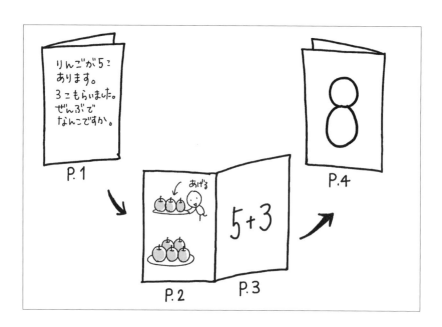

✏️ 絵本の基本の構成

八つ切りの画用紙を半分に折ります。

1ページ目には問題
　　2ページ目には絵や図（言葉を付け加えてOK、色は塗らない）
　　3ページ目には式
　　4ページ目には答え
を描く構成にします。早くできた子には、もう1冊を作ってもらうか、絵や図に色を塗ってもらいます。下書きをしたい子は認めます。チェックはまず子供同士にさせ、最終チェックを教師が行います。

🖉 絵本の構成をアレンジする

　これまでに「みんな文章題が得意になるプリント（MBP）」に何度も取り組んでいれば、2冊目を作るときは構成をアレンジしてもOKです。たとえば、
●アレンジ例①
　　1ページ目には式
　　2ページ目には絵や図（言葉を付け加えてOK、色は塗らない）
　　3ページ目には問題
　　4ページ目には答え
●アレンジ例②
　　1ページ目には絵や図（言葉を付け加えてOK、色は塗らない）
　　2ページ目には問題
　　3ページ目には式
　　4ページ目には答え

　1ページ目に式がくれば次ページは問題か絵や図になります。絵や図が1ページ目であれば、次ページに問題か式がくることになります。

新○年生のために絵や図の使い方説明書を書こう

相手意識を持たせる取り組みをしましょう！

 使い方説明書とは

　絵や図の描き方は教科書に載っている場合もありますが、子供達は改めて自分の言葉でまとめることで、自分が本当にわかっているかを再確認することができます。

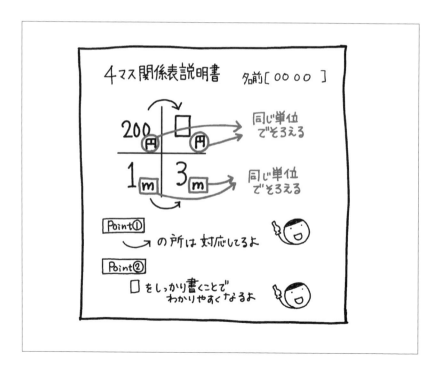

✏️ 相手意識を持たせることが大切

　本書でこれまでにも書いてきたように活動を行うときには、目的意識が大切です。目的意識がないと、ただやらされているだけの活動になります。目的意識を持たせるためには、まず、

相手意識を持たせること

が有効です。絵や図の使い方を説明書として書くことでも子供達はアクティブになるかもしれません。そこに、どんな人に向けてなのか、そして、その相手が理解できるようにという相手意識を加えることで、よりアクティブになります。ここでは相手意識を持たせるために、

「新○年生のために」

という設定をしました。この単元をまだ学習していない子達に対して書こうという相手意識の持たせ方です。

　子供が、SNSでよく使うキャラクターを描いたり、話し言葉で文章を書いたりしても、基本的にはすべて認めます。「これはダメ」「あれはダメ」では作りづらくなります。自由に書かせてあげましょう。

　「活動に取り組みづらい子」が見受けられる場合や説明書の完成度が低い場合があります。そこで、
- 活動に入る前に活動の見通し（私はこんな風にしようかな）を交流
- 活動の途中でこれまでの活動を振り返り、今後の見通しを確認
- 話し合いながら、協力し合いながらの実践

といった活動を取り入れると、どの子でも取り組めるようになります。

✏️ 完成したら評価する

　完成したらそれでOKではなく、実際に作ったものを見せ合って子供同士で評価する場を作ります。評価後に修正OKの時間も作ります。もし可能であれば、設定した学年の子達に実際に見せて評価をもらえると、次回作るときのより大きな励みになります。

わからない◯◯君に説明しよう

相手意識を持たせるにはキャラクターを活用しましょう！

✏️ キャラクターに説明しよう

　キャラクターに向けて本時で学習したことを説明する場を設定します。

✏️ キャラクターを使うのはなぜ

　相手意識を持たせるために、学級内の学習が少ししんどい子の名前を出して、「○○さんに説明しよう」と言うような無神経なことは絶対にしてはいけません。そこで、学級オリジナルのキャラクターを用意しておきます（有名なキャラクターを使うのもいいですが、既存のキャラクターにはすでに設定があります。学級のオリジナルキャラクターだと自由に設定できます）。

　樋口学級ではマンタくんというキャラクターがいます。数年前に受け持った学級の子供が7秒で描いてくれたキャラクターです。このキャラクターをB5用紙に印刷しておき、黒板の端に常に貼っています。

　このマンタくんは、

お勉強が少し苦手な同級生

という設定で、この設定は子供達にも伝えています。少し勉強が苦手なので、わかりやすい説明が必要だと子供に意識させます。

　子供達は自然に図を使って、説明をしようとします。そこで、
- 式だけで説明をするとわかりづらい
- 図や言葉を使ってできる限りわかりやすいようにしよう

と私が伝え、子供達にはノートに説明を書かせます。

　文章題について考えさせた後で、自分の言葉でノートに改めてまとめさせたいときに、私はよく上の2つのアドバイスを使用します。この2つができているかどうか、説明を書かせていくときには途中で確認し、また説明が書けた後には子供同士で評価をさせます。

✏️ 口頭で説明させる

　ノートに書かせるのもいいですが、説明するための図を描かせた上で子供同士で口頭で表現させ評価させてもいいです。

お休みの子へ算数手紙を書いてもらおう

誰に伝えるかを明確に意識させるために

🖉「お休みの子にお手紙を書こう」

　休んだ子に向けて今日どんなことをしたかを手紙で伝えることはありませんか。それの算数版です。学習したことを書く取り組みです。

> ○○さんへ
>
> 今日は
>
> | 1m 300円するリボンが3mあるとき何円になるか。 |
>
> という問題について考えたよ。
> 式は 300×3 になるね。
> だって
>
>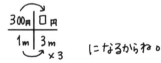
>
> になるからね。
>
> 300×3 は 900円 だよね。
> 松村さんが ⑩円玉を思い出したらいいよ。って
> 言っていたよ。⑩円玉が3枚あって、

🖉 算数手紙の導入のやりとり

先生　「今日はAさんがお休みです。今日、みんなで考えたことをA
　　　　さんにも伝えるために算数手紙を書くよ」
と言って、各自に考えた文章題について表現させます。これまでに紹介した取り組みのように相手意識を持たせることができ、相手に伝えるために自然と絵や図を使用します。完成した算数手紙は子供同士で相手に内容が伝わるかをチェックさせます。できれば休んでいた子に実際に見てもらいます。さまざまな説明を目にすることで学習内容を理解することができ、休んだ子への学習フォローにもなります。
　実際に休みの子がいなくても、
先生　「マンタくん(オリジナルキャラクター)がお休みです。マンタ
　　　　くんに今日学習したことを伝えるために手紙を書こう」
と言い、取り組ませます。そうすることでも相手意識を持たせることができます。

🖉 早く手紙を書けた子には

　学習がよくできる子はこの手紙を完成させるのも早いです。早く完成した子はまだできていない子のサポートをさせてもいいです。紙の裏に授業では取り組んでいない新たな解き方の説明を書かせてもいいです。前述のMBP(P.94〜99)に取り組ませてもいいです。
　また、早くできた子を欠席の子の設定にして、その子にできた手紙を見てもらい、評価をしてもらうこともありです。
　ただ読書はさせません。読書をすると、算数モードが途切れてしまいます。そして、自分の世界へと入り込んでしまいます。算数の時間には、教え合う、考え合う、MBPをするなどやることがたくさんあります。読書をするのではもったいないです。これはどの取り組みでも言えることです。

テストに持ち込みOK のアイテムを作る

カンニングにならないカンニングペーパーを作る!?

✏️ テストに持ち込み OK のアイテム

　テストに持ち込み OK の絵や図の使い方が書かれているアイテムを作る取り組みです。

✏️ カンニングにはなりません

　テストに持ち込みOKのアイテム、カンニングにならない教師公認のカンニングペーパーです。「え!?」と思われたかもしれませんが、カンニングを推奨しているわけでも、カンニングを認めているわけでもありません。たとえば漢字テストのときに、そのテスト範囲の漢字そのものが書かれているものを持ち込めば、完全にカンニングです。しかし、このアイテムには、

本単元で使用した絵や図

しか描かれていません。文章題を考えるためのアイテムなのです。このアイテムを持ち込んでも、テストの問題を自分で把握しないと立式もできません。だから、カンニングに当たらず、教師公認なのです。
　P.102の「新○年生のために絵や図の使い方説明書を書こう」の説明書と似ていると思われたかもしれませんが、この実践と異なるのが、

紙の大きさを制限する

ということです。紙の大きさを制限することで、そこに書き込む内容がより洗練されたものになります。そして、洗練された内容は図について深く理解をしていないと書けません。
　このアイテムを作ることで、立式するためにどのようにすればいいのかという振り返りをすることもできます。

✏️ 実際に持ち込まなくても学習効果アリ

　実際にテストに持ち込ませるかは教師が判断してください。実際に持ち込まなくても作るという経験は文章題への取り組みにとても有効です。作ったときには、
先生　「そのペーパーは財産だよ」
と補足し、ノートに貼らせるなどします。自分の表現でアイテムの解説を書く経験なので、自分にとってのこれ以上の財産はありません。

自分の考えを書いた
ノートを交換しよう

自力解決後の時間を活用し個人差をなくすために

🖉 ノート交換をする

　子供の自力解決における教師の一番の悩みは、考えを早く書ける・書けないといった個人差が発生するということです。そこでの手立てがノート交換をするという取り組みです。

✏️ ノート交換の進め方

先生　「今から一人で考える時間にします。自分の考えをノートにすぐに書ける子もいるでしょう。そこで、早く書けた子は次のこと、ノート交換をします」

【ノート交換の仕方】
①早く自分の考えを書けた子は、自席を離れてもいいので立ち歩いて、他の考えを書き終えた子を探します。
②自分の考えを書いたノートを交換します。
③このとき、お話をしてはいけません。無言です。
④ノートを読み、考えが伝わってくればノートの端にサインをします。
⑤時間の限り多くの人と行います。（①～④を繰り返す）

　ここでも相手意識が生まれます。無言がルールなので、絵や図を使い、自分の考えを伝えないといけません。そこで、文章題では、

「どうしてその式になったのか」
「どのように計算の仕方を考えていくのか」

を書けば相手に伝わりやすくなるという点も子供に言っておきます。
　また、一人にノートを見せた後、加筆修正などをしたい子もいることでしょう。そういった加筆修正は認めます。

✏️ 苦手な子へのフォロー

　なかなかノートに書けない子には、教科書やノートを使ってこれまでの学習を振り返る場を設定したり、これまでの板書の写真を用意したりした上で、「頭の中で思いついたことをそのまま書きましょう」と伝えます。この取り組みは交換することが本質的な目的ではないので、自分の考えをしっかり表現できたら構わないことも伝えます。このようにアドバイスすると、どの子も取り組みやすくなります。

文章題の続きを考えよう

問題を把握していないとできないこと

✎ 文章題で不足している情報を考えよう

　情報が不足している問題文を提示し、たとえば文章題が途中で終わっていたら、続きを考える取り組みです。問題を把握していないと不足している情報を考えることはできません。

✏️ 予想させた後に教師はボケてみせる

「赤い花が8本あります。白い花が6本あります。」
という文章を提示した後に、

先生　　「続きはどんな問題になると思う？」
Aさん　「あわせて何本ですか？」
Bさん　「どちらの花が何本多いでしょうか？」
先生　　「どちらも考えられそうですね。じゃあ、どちらも同じ式になりますよね」……☆
子供達　「え⁉」
子供達　「ならないよ！」
先生　　「え⁉　ならないの？」……☆
子供達　「Aさんが言った『あわせて何本』は、たし算になるよ」
子供達　「そうそう。Bさんが言った『どちらの花が何本多いでしょうか』の方はひき算になるよ」（子供達がうなずいている）
先生　　「みんなうなずいているけれど、本当？」
（子供達がうなずいている）
先生　　「じゃあ、まずは隣の子に考え方を説明してみよう」
☆のように先生がボケると、子供達は正しい説明を考え始めます。

✏️ 説明するときに絵や図を使っている子を価値づける

　説明しているときに、絵や図を使っている子がいれば、
　　「○○さんは、絵や図を描いていて説明がわかりやすいな……」
とみんなに聞こえるような声でつぶやきます。その子の行動が価値づけられるとともに、周りの子も絵や図を使って説明しようと動き出します。このとき、ホワイトボードや自由に使える紙などを用意しておくと子供達はそれを使い、説明することでしょう。そういった取り組みやすい教室環境を作ることも大切です。

図の間違いに気づけるようにする

あえて間違った図を提示しましょう！

🖊 「く・も・わ」ではなく……

　小学校6年間の中で1、2位を争うぐらい難しい単元と言われているのが、5年生の「割合」です。「割合」では図は必要不可欠です。
　私は「く・も・わ」の図を教えること自体には否定的ではありません。ただし、「く・も・わ」は、
- その単元でしか登場していない図である
- 教科書には載っていない図である
- 問題の中からどれが「比べられる量」「もとにする量」「割合」かを探さないといけない
- 「く・も・わ」の図自体を忘れたらどうするのかの対応が必要である

ということを教師がわかっていないといけません。だから、これまでに使用してきた図、自分が知っている図をフル活用する経験を積ませたいのです。
　もし、「く・も・わ」の関係図を使うのならば、前述のアイテム①〜⑩も同時に使っていくことが学習には大切です。そこで間違った図の出番です。

✏️ 間違った図をあえて提示する意図

　そこで割合の単元で、問題を提示した後に図を提示しました。しかし、間違った図を提示しました。人は間違いがあると正そうとするものです。間違いに気づいた子達は、

子供達　「え!?　先生、間違っていない？」
先生　「え!?　本当？　どこが間違っているだろう？」（ボケる）
と間違っているところについて考え始めます。間違いを正すためには、文章題を把握していないといけません。つまり、図の間違えを正すことが文章題を把握する力を育てることになります。
（この間違った図の取り組みは「割合」の単元に限らず、文章題ならどの単元でも行うことができます）

どの図が
正しいか考えよう

選択肢を提示する方法

✏️ 図を3つ提示する

　問題文を提示した後、子供達自身に図を描かせるのではなく、教師があらかじめ図を3つ用意して、その図を提示します。

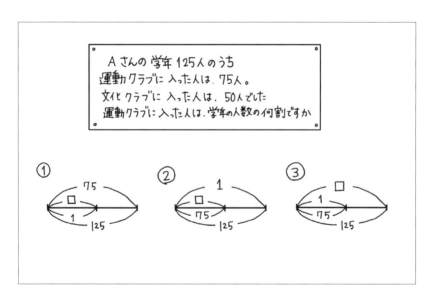

✏️ 選択肢を提示するやりとり

先生　「今日は先生の方で図を描きました」（図を3つ提示する）
子供達　「え⁉　3つあるの？」
先生　「はい。今日は3つあります。この3つの中で正しい図を1つ見つけてください」
子供達　「え〜、どれだろう？」

　3つの図の中から正しい図を見つけるためには、問題を把握し、それぞれの図が当てはまるかを考えていかないといけません。図について考える時間が増えます。

✏️ 選択肢はアレンジできる！

　選択肢の数は最大で3つがいいです。それ以上増やすと時間がかかったり、その活動に置いてけぼりになる子ができてしまったりします。逆に1個減らして、2つにするのは構いません。
　選択肢の作り方にも工夫することができます。たとえば、

3つとも正しい
3つとも間違っている
3つとも未完成

というように別パターンを作ることもできます。どの作り方をしても子供は3つそれぞれの図について考えていかないといけません。
　3つとも間違っている場合には、「どこが間違っているのか」ということを考え、3つとも未完成であれば、「完成するには何が足りないのか」ということを考え、3つとも正しい場合は正しい図に必要な要素について考えることができます。
　選択肢の中に、数直線図、線分図、4マス関係表などさまざまな種類を取り入れて選択肢を作ることも有効です。

教師が読み上げた問題文を図に表そう

必要な情報を聞き取る取り組み

🖊 教師が読み上げた問題文から図を考える

　教師が声に出して読んだ問題文を子供が聞き取り、図に表す取り組みです。

✏️ 授業冒頭で行う取り組みの導入の仕方

　授業冒頭で、次の3つのうちのいずれかの場面でこの取り組みを行います。
- 教科書の問題を読み、教科書を閉じさせた後
- 教科書を子供達が開けるか開けないかぐらいのタイミングで問題を読み、教科書を閉じさせた後
- 教科書を開かずに、問題を書かずに教師が問題を読んだ後

　授業のスタートは次のように取り組みます。

先生　「今日は教科書を見ません。問題も黒板に書きません。先生が問題文を読みます。だから、よく聞いておきましょう」

先生　「公園に男の子が6人います。女の子が7人やってきました。全員で何人いますか？」

と読み、その後、

先生　「今の問題を図に変身させてごらん」（高学年だと「今の問題を図にしてごらん」）

と伝えます。

✏️ できない子がいたら

　この取り組みでは、図に表すだけでなく、問題文の中から解決のために必要な情報を取り出すこともねらいとしています。

　しかし、いきなり問題文を聞いただけではできない子が多いです。そこで、もう一度、教師が問題文を声に出して読んでから、再度取り組ませます。1回目からできた子はほめ、その子にできたコツを聞き、他の子とそのコツを共有させてもいいでしょう。

　1回目はできなくても、2回目にするときには必要な情報を取り出そうと子供達も取り組みます。何度も取り組んでいくことが大切です。そうすることで、集中度や緊張感が高まります。

先行学習の子達 への一工夫

授業をどの子も図を使う時間にするために

✏ よく聞く先生達の悩み

　絵や図が描ける・描けないにかかわらず、塾などで先行学習している子達をどうしたらいいのかという悩みを先生達からよく聞きます。

✏︎ 先行学習の子達はみんな一緒ではない

　5章前半で、目的意識を持たせること、その手段の一つとして相手意識についても書いてきました。相手を意識して図を描けるようになってくると、子供は図を使えていると実感でき、図を使いこなせているという喜びなどから、より主体的に取り組めるようになります。

　先行学習の子達というより、いわゆる学力の高い子達は絵や図をすぐに描ける子が多いです。なぜなら、問題文の数量の関係を把握することが身についているからです。一方で先行学習の子達の中にも形式だけを理解しており、絵や図を描くことが苦手な子がいます。

　私の経験則ですが、そういった先行学習で形式だけを教わってきた子達が絵や図に必要感を持ちづらかったり、自分の考えをノートに書いた後は手持ち無沙汰になったりするケースが多いように感じます。

✏︎ 一言を加えることで

　そこで、そういった手持ち無沙汰な子達に対し、教師が、
　　「もし、あなたがやり方をド忘れした場合はどう考える？」
　　　　「わからない子にどう教える？」
といった一言を加えると、相手を意識し、どうやって相手に伝えようか考えるようになり、目的意識を持たせることができます。

　新学習指導要領では「算数科の目標」の中の文言の「算数的活動」が「数学的活動」へと変わります。「算数」から「数学」に変わるから数学のことをしていかないといけないのかと思われるかもしれませんが、それは誤解です。

　大切なことは、本書で何度も登場しているキーワード「目的意識」です。3段階のプロセス（P.36〜41）の中のジャンプに当たる、子供達が自分で図を使ってみる活動が新学習指導要領においても、もとめられています。そのためにも目的意識は必要不可欠のものです。

他教科でも把握する
ために図を使っている①

国語科でも図を使う⁉

🖉 国語科でも図を使う⁉

　国語科でも、説明文の段落の関係や物語文の主役の心情などを把握するために図を使用しています。

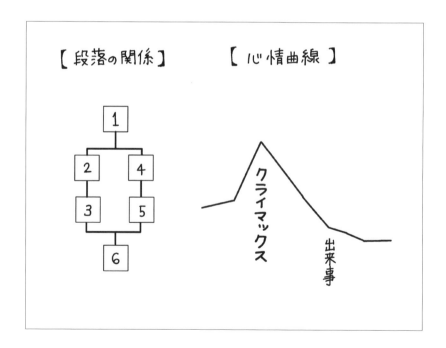

詩や説明文を学習するときには

　左ページで例示したように国語科でも図を使う機会はあります。
　詩を学習するときには、その詩の世界観をイメージするために絵を描かせることがあります。
　説明文を学習するときには、段落の関係を把握するために図を使います。「段落番号をただ結びつけているだけで、これが図!?」と思われる方もいるかもしれませんが、これらも立派な図なのです。また、それぞれの段落を要約し、表の形式にまとめることで、説明文全体の内容を把握することもできます。

物語文では

　私は物語文の授業では、設定を把握するために下記のようなXチャートを使います。文に出てくる要素を登場人物・時・場所・キーアイテムの4つのカテゴリーに当てはめ、まとめさせます。子供達にもわかりやすいと好評です。
　また心情曲線（左ページ参照）を使い、主役の心情やきっかけとなった出来事やクライマックスの場面はどこかなどを把握します。
　このように、国語科でも情報の全体像を把握したり、状況をイメージしたりするために絵や図を使っています。その経験は算数科にも活きてくるはずです。

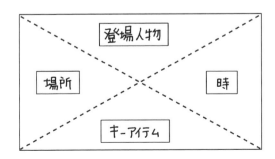

他教科でも把握するために図を使っている②

理科や社会科でも図を使う!?

🖉 理科や社会科でも図を使う!?

理科や社会科でも内容を把握するために絵や図を使用しています。

理科　リトマス紙を使って水溶液の性質を調べる

	酸性	中性	アルカリ性
青色	赤い変化	変化なし	変化なし
赤色	変化なし	変化なし	青色に変化

社会科　三者の業績をまとめる

織田信長	豊臣秀吉	徳川家康
弾圧	朝鮮出兵	関ヶ原の戦い
楽市楽座	太閤検地 刀狩令	

🖉 まとめや表現をわかりやすくするために

　理科では、観察したことを絵に表すことがあります。ほかにも、経過などの予想をするときに、絵や図を描いて自分の考えを表現もできます。また、実験結果をまとめるために絵を描いたり、図を描いたり、表を使ってまとめたりすることがあります。言葉だけで表現するよりもはるかにわかりやすいものへとなります。

　社会科では、たとえば、織田信長・豊臣秀吉・徳川家康の三者の業績をまとめる際に表を使えば、比較もできわかりやすいです。年表もそれぞれの時代の出来事をわかりやすくまとめている図の一つです。

🖉 算数科が他教科と共通していること

　国語科、理科、社会科における図の使い方は、少し算数科の文章題とは異なるかもしれません。しかし、図を使って内容を把握する・まとめるということは、どの教科でも行っていることが明らかです。

　そして、どの教科においても図を描くことそのものが目的にはなりません。理科では観察したことを絵に表すことが目的ではありません。実験結果を図を使いまとめることが目的ではありません。そういった表したり描いたりした絵や図から「考察すること」が目的です。

　社会科でも、3人の武将の業績をまとめることが目的ではありません。表にすることで、それぞれの武将の相違点がより明らかになり、そこから考察することができます。つまり、絵や図というのは手段です。再確認しておきますが、算数科の文章題においても、**図は文章題を解決するための手段**なのです。手段が目的になってはいけません。

　ただ矛盾する話ですが、図がある程度子供達の中に定着するまで（ホップ・ステップ）は図を描くことが目的になってしまうのは仕方ありません。ただし、いつまでも目的にはならないように気をつけておく必要があります。気をつけておくだけで、だいぶ変わります。

おわりに

　みなさん、教師をしていて嬉しいときはどのようなときですか。
　私は、できないことができるようになった子供の姿を見ると、とても嬉しいです。そして、できるようになるために一生懸命に取り組んでいるときの子供達の姿を見ると、とても嬉しいです。
　その一方で、一生懸命に取り組んでいたけれど結局できなかったときの子供の姿や、できなかった経験を積み重ねたことで一生懸命に取り組まなくなってしまった子供の姿を見ることはとてもつらく、自分の指導法について反省をしてきました。子供達に申し訳ない気持ちでいっぱいになります。
　本書のテーマである文章題を苦手としている子供は多いです。
　上のような姿を見せる子にこれまで出会ってきました。そういった子に対して、どのようなアイテム、どのような取り組みが有効なのか、トライ＆エラーでこれまで取り組んできました。そこで、行き着いたのが本書で紹介している、10のアイテムをはじめ、3段階のプロセスやMBPなどさまざまな取り組みです。
　新年度が始まります。私も、新たな学級の子供達が文章題に立ち向かえるようになるために、1からのスタートです。10のアイテムをはじめ、3段階のプロセス、MBPなどに取り組んでいきます。だから、みなさんも共に頑張っていきませんか。本書が少しでも文章題に立ち向かえる子供を育てるための一助になれば嬉しいです。
　最後になりましたが、企画の持ち込みのときからあたたかく見守っていただき、出版に至るまでお力添えいただきました学陽書房の山本聡子氏、石山和代氏には大変お世話になりました。この場を借りて心よりお礼申し上げたいと思います。

　　2019年3月

　　　　　　　　　　　　　　　　　　　　　　　　樋口　万太郎

参考文献等

- 石田一三 (1989)『文章題指導の定石』明治図書出版
- 前川公一編著 (2015)『算数教科書の「図」はこう教える！―数学的な表現方法 教え方ガイドブック』明治図書出版
- 田中博史監修 (2010)『筑波大学附属小学校田中先生の算数　絵解き文章題』学習研究社
- 田中博史監修 (2011)『筑波大学附属小学校田中先生の算数　4マス関係表で解く文章題』学研教育出版
- 田中博史 (2008)『わくわくさんすう忍者 入門編―「絵にかけば算数はできちゃうのだ」の巻』文溪堂
- 筑波大学附属小学校算数研究部企画・編集 (2018)『算数授業研究』Vol.117、P.02-29 東洋館出版社
- 中原忠男 (1995)『算数・数学教育における構成的アプローチの研究』聖文新社
- 平成24年度　全国学力・学習状況調査　算数A問題
- 平成29年度　全国学力・学習状況調査　算数A問題
- 小学校学習指導要領 (平成29年告示)
- 樋口万太郎 (2017)『クラス全員をアクティブな思考にする算数授業のつくり方 ―14のステップで教材開発＆授業展開のしかけづくり―』明治図書出版
- 啓林館 "わくわく算数「算数用語とその指導のポイント集」"〈http://www.shinko-keirin.co.jp/keirinkan/sansu/WebHelp/〉(参照 2019.3.1)

● 著者紹介

樋口万太郎（ひぐち　まんたろう）

1983年大阪府生まれ。大阪府公立小学校、大阪教育大学附属池田小学校を経て、京都教育大学附属桃山小学校に勤務、現在に至る。全国算数授業研究会幹事、関西算数授業研究会（副会長）などに所属。教科書「小学校算数」（学校図書）編集委員。主な著書に『クラス全員をアクティブな思考にする算数授業のつくり方』『THE 算数・数学科授業開きネタ集』（以上、明治図書出版）『できる！楽しい！アクティブ・ラーニング型算数授業』（東洋館出版）など多数。

これで どの子も文章題に立ち向かえる！　算数授業づくり

2019年4月17日　初版発行
2019年9月 2日　2刷発行

著　者	樋口万太郎
発行者	佐久間重嘉
発行所	学　陽　書　房

〒102-0072　東京都千代田区飯田橋1-9-3
営業部／電話 03-3261-1111　FAX 03-5211-3300
編集部／電話 03-3261-1112
振替　00170-4-84240
http://www.gakuyo.co.jp/

ブックデザイン／スタジオダンク
イラスト／尾代ゆうこ
DTP制作／越海辰夫
印刷・製本／三省堂印刷

Ⓒ Mantaro Higuchi 2019, Printed in Japan　ISBN 978-4-313-65373-3 C0037
乱丁・落丁本は、送料小社負担にてお取り替えいたします。
JCOPY〈出版者著作権管理機構 委託出版物〉
本書の無断複製は著作権法上での例外を除き禁じられています。複製される場合は、そのつど事前に出版者著作権管理機構（電話 03-5244-5088、FAX03-5244-5089、e-mail: info@jcopy.or.jp）の許諾を得てください。